मस्तिष्क विज्ञान और पढ़ाई आसान

डॉ. विनोद शर्मा

डायमंड बुक्स

www.diamondbook.in

प्रकाशक : डायमंड पॉकेट बुक्स (प्रा.) लि.

X-30 ओखला इंडस्ट्रियल एरिया, फेस - II

नई दिल्ली- 110020

फोन : 011-40712200

ई-मेल : sales@dpb.in

वेबसाइट : www.diamondbook.in

संस्करण : 2024

मुद्रक : रेप्रो (इंडिया)

Mastishk Vigyan Aur Padhai Aasan

by *Dr. Vinod Sharma*

माँ सरस्वती के आशीर्वाद से निर्मित ये पुस्तक
मैं अपने माता-पिता, पत्नी मेघा और
पुत्र अयान को समर्पित करता हूँ।

निरंतर प्रेरणा और सहयोग हेतु
श्री ध्रुव सुवालका और ब्रेनीवुड फॉउण्डेशन का आभार।

प्रस्तावना

शिक्षा का वास्तविक उद्देश्य अंक लाना नहीं काबिल बनाना होता है। मनुष्य जन्म के समय से ही एक असीमित क्षमताओं और संभावनाओं का प्रतिरूप होता हैं। और ये क्षमताएं उसे व्यवहार और प्रतिक्रियाओं से मिलती हैं। उसका व्यवहार और प्रतिक्रियाएं ही उसे व्यक्तित्व के रूप में स्थापित करती है। काबिल व्यक्तित्व सफल होता है और नाकाबिल असफल या संघर्षरत होता है। शिक्षा वो उपक्रम है जो व्यवहार में परिवर्तन लाती है और प्रतिक्रियाओं को सकारात्मक बनाती है। और एक सकारात्मक व्यक्तित्व सफलता की और सदैव अग्रसर रहता है।

अगर एक सवाल आपके सामने हो कि हम अपने बच्चे को पढ़ा लिखा बनाना चाहते हैं या सफल। तो स्वाभाविक उत्तर रहता है कि सफल। पढ़ा-लिखा भी इसीलिए रहे है ताकि सफल हो पाए।

क्या आप इस बात पर सहमत हैं कि ऐसे कई लोग हैं जो ज्यादा अच्छे अंको से परीक्षा और अपनी पढ़ाई पूरी नहीं कर पाए लेकिन अपने जीवन में सफल हैं और समृद्ध हैं, इसी प्रकार ऐसे भी कई लोग हैं जिन्होंने बहुत पढ़ाई की और अच्छे अंको से भरी डिग्रियां भी इकट्ठी की, मगर फिर भी मनचाही सफलता के लिए संघर्ष कर रहे हैं।

यानी अच्छे अंक लाकर पढ़ाई पूरी करना सफलता के सफर में एक जरूरी पायदान तो है, पर पूरी तरह सफलता नहीं है।

सिर्फ परीक्षा में अच्छे अंक लाना ही मंजिल नहीं :-

आज फिर तुम फेल हो गए, हमेशा तुम्हारे इतने कम अंक आते है। लगता है तुम्हारा दिमाग बहुत कमजोर है। तुम जीवन में कभी सफल नहीं हो पाओगे इस तरह से। अध्यापिका ने डांटते हुए उस बच्चे से कहा। क्योंकि इस बार भी परीक्षा में कम अंक आये थे उसके और आखिर में वही हुआ, वार्षिक परीक्षा में वो बच्चा फेल हो गया था। उसकी माता को उस अध्यापिका ने एक डरावनी भविष्यवाणी भी कर दी, ये बच्चा भविष्य में कुछ नहीं कर पायेगा। "ये बच्चा भविष्य में कुछ नहीं कर पायेगा" ये वाक्य माता के दिमाग में घूमने लगे और माता हर समय बहुत चिंतित रहने लगी। लेकिन शायद ये बात उस बच्चे के दिमाग में किसी और तरीके से असर कर गयी, और वो बच्चा बड़ा हो गया। एक दिन

अपनी माता को उसने कहा - ये बच्चा भविष्य में कुछ नहीं कर पायेगा, और ऐसा कहते हुए उसने अपनी माता के हाथ में भारत का सर्वोच्च नागरिक सम्मान - भारत रत्न थमा दिया, जो उस बच्चे को मिला था। माता की आँखों से निकले प्यार और गर्व से भरे ख़ुशी के आसुओं से भारत रत्न का अभिषेक हो गया था और माता ने उस लड़के को गले से लगा लिया। वो लड़का और कोई नहीं बल्कि महान क्रिकेटर सचिन तेंदुलकर था। सचिन तेंदुलकर, धीरूभाई अम्बानी, बिल गेट्स, अमिताभ बच्चन आदि,ऐसे कई उदाहरण हैं जो अपनी पढ़ाई और परीक्षा में कभी बहुत ज्यादा अच्छा नहीं कर पाए लेकिन उनकी सफलता की परिभाषा करोड़ों लोगों के लिए प्रेरणा और पूरे राष्ट्र के लिए गौरव की बात है।

परीक्षा में अच्छे अंक लाना जरूरी है, लेकिन मात्र अंक लाना ही जीवन की मंजिल नहीं है। शिक्षा का उद्देश्य काबिल बनाना होता है। सिर्फ बहुत ज्यादा अंक लाना नहीं।

प्रेक्टिस मेक्स परफेक्ट - *करत-करत अभ्यास बने सब बाएं हाथ का खेल।।*

बाएं हाथ का खेल मतलब, बहुत ही आसान। यानी कम मेहनत में ज़्यादा परिणाम।

कोई काम मुश्किल या आसान नहीं होता। बस अगर उस पर महारत है यानी परफेक्शन है तो आसान है और परफेक्शन नहीं है तो मुश्किल। कोई भी काम हो शुरू में सदैव मुश्किल होता है। तब उस पर ध्यान ज्यादा देना पड़ता है, तब भी उसमें कमियां होती हैं, ज्यादा फोकस करने पर भी उस काम में देर लगती है और ज्यादा मेहनत करने पर भी परिणाम कम रहता है। जबकि जब उसे लगातार करते रहते है,

तो धीरे-धीरे मन मस्तिष्क उस कार्य में निपुण हो जाता है और जब उस काम का अच्छा अभ्यास हो जाता है तो वो कार्य आपका कौशल बन जाता है। और फिर कम प्रयास मे ज्यादा जल्दी ज्यादा सटीक परिणाम होता है। जैसे जब शुरुआत मे साईकिल चलाना सीखते हैं तो ज्यादा ध्यान देने और ज्यादा मेहनत में भी बार-बार गिरते हैं, फोकस ज्यादा करने पर भी संतुलन नहीं बनता लेकिन लगातार अभ्यास से साईकील चलाने में निपूणता आ जाती है। और फिर उसे चलाना बहुत ही आसान लगने लगता है। इसी तरह चाहे कंप्यूटर हो, कोई साज़ हो, खाना बनाना हो, कोई खेल हो, या पढ़ाई करना हो, अभ्यास ही है जो मुश्किल से मुश्किल काम को आसान, यानि बाएं हाथ का खेल बना सकता है।

कोई खिलाड़ी चैंपियन कैसे बनता है, सिर्फ खेल को अच्छी तरह जानने से नहीं बल्कि उसका खूब अभ्यास करने से।

मिल्खा सिंह, सचिन तेंदुलकर, मुहम्मद अली, रोजर फेडरर और सभी क्षेत्र के चैंपियन अभ्यास से ही महान बन सके। अभ्यास के बिना एक प्रतिभावान कि प्रतिभा भी निष्क्रिय और खराब हो जाती है। गला कितना भी अच्छा हो लेकिन अच्छा गायक बनने के लिए खूब रियाज़ करना पड़ता है। लता मंगेशकर, किशोर कुमार, सोनू निगम अच्छे गायक हैं

सिर्फ आवाज़ कि वजह से नहीं बल्कि साथ-साथ खूब अभ्यास कि वजह से। जितना बड़ा कलाकार होगा उतना ही ज्यादा अभ्यास करता है। अभिनय में निपुण अमिताभ बच्चन, शाहरुख़ खान, सलमान खान और आमिर खान या कोई भी हो,एक बार में ही डायलॉग नहीं बोलने लग जाते, बल्कि बार-बार अभ्यास करते हैं जिससे इनका अभिनय निखरता है। सचिन, विराट कोहली, धोनी सभी क्रिकेट अच्छा खेलना जानते हैं, फिर भी रोज़ पिच पर प्रेक्टिस करते है।

सफल होने के लिए खूब परिश्रम करना पड़ता है और सफलता के शिखर पर बने रहने के लिए लगातार अभ्यास करना पड़ता है। अभ्यास एक आदत है ये मान लेना चाहिए, इसका कोई अंत नहीं होता ये तो जीवन पर्यन्त किसी कार्य में निपुण बने रहने के लिए करना ही पड़ता है।

क्या खूब कहा है किसी ने :-

नज़र नज़र में उतरना कमाल होता है, नफ़स नफ़स में बिखरना कमाल होता है॥
बुलंदी पर पहुँचना कमाल नहीं, बुलंदी पर ठहरना कमाल होता है॥

आकर्षण का नियम- 'किसी चीज़ को अगर दिल से चाहो तो सारी कायनात उसे तुम्हारा बनाने में जुट जाती है।' आकर्षण का नियम कहता है कि अगर आप किसी लक्ष्य को प्राप्त करने में पूरे मन से लगे हैं तो प्रकृति खुद भी आपके लिए आपकी सफलता का मार्ग प्रशस्त करती है। रेडियो को जब ट्यून करते है तो उसमें से गाना आने लगता है, ये गाना कहाँ है? रेडियो में या वातावरण में, हम सब जानते है कि ये वातावरण में है। अदृश्य है, बस जब रेडियो अपनी फ्रेक्वेंसी को उससे सुमेलित करता है तो रेडियो को वो गाना प्राप्त हो जाता है। ठीक ऐसे ही हम भी यदि अपने लक्ष्य के साथ स्वयं को पूरी लगन और तल्लीनता से सुमेलित कर ले तो वो लक्ष्य हमें जरूर प्राप्त होगा। विवेकानंद जी ने भी कहा है कि सबसे पहले एक विचार कर लो, और अपने मन मस्तिष्क, आत्मा और सम्पूर्ण व्यक्तित्व पर उस विचार को आच्छादित कर दो, सिर्फ उसी विचार को अपनी पहचान बना लो, हर वक्त उसी के बारे में सोचो और उसी के अनुरूप कार्य करो, और फिर देखो वो आप को सफल होने से कोई नहीं रोक सकता। आप सफल तो होंगे ही साथ ही पूरी दुनिया के लिए प्रेरक भी होंगे। बस निर्भर करता है कि किस प्रकार आप अपने लक्ष्य को अपने सपने को चाहते है। इसीलिए कलाम साहब ने भी कहा है कि 'सपने वो नहीं होते जिन्हें आप नींद में देखते है बल्कि वो होते है जो नींद आने ही नहीं देते।' जितने भी आविष्कार हुए हैं वो सभी इसी सोच और संकल्प कि वजह से हो सके हैं।

अरस्तु के गुरु थे सुकरात, एक बार अरस्तु ने सुकरात से कहा- 'गुरु जी किसी लक्ष्य को पाने का सबसे सटीक मार्ग क्या है?'

सुकरात नें कहा- 'आज जब मैं तालाब में नहाने जाऊँगा तब तुम आना, वहां तुम्हें इस प्रश्न का उत्तर मिलेगा?' अरस्तु को आश्चर्य हुआ और उनकी जिज्ञासा उन्हें तालाब पर ले आयी। सुकरात तालाब में थे और उन्होंने अरस्तु से कहा कि तुम लक्ष्य प्राप्ति का मार्ग देखना चाहते हो तो तालाब में आओ। अरस्तु तालाब में आये सुकरात ने उनका सर पकड़ के पानी में डुबो दिया। काफी छटपटाने के बाद सुकरात ने उन्हें पानी से बहार निकाला। अरस्तु ने खांसते हुए एक गहरी सांस ली और इस अजीब व्यवहार का कारण पुछा। उन्हें लगा उनके गुरु उनसे किसी बात पर गुस्सा थे और उन्होंने उन्हें सजा दी थी।

सुकरात से मुस्कुराते हुए कहा, 'जब तुम पानी के अंदर थे तो सबसे ज्यादा जरूरत तुम्हें किस चीज़ कि महसूस हुई? कौन-सा ख्याल तुम्हारे दिमाग में आया?'

अरस्तु बोले - 'मुझे सिर्फ एक ही चीज़ कि जरूरत महसूस हुई, हवा की। प्राणवायु की। लगा कि अगर सांस नहीं आयी तो मर जाऊँगा।'

'क्या तुम्हें किसी और चीज़ को पाने का ख्याल आया?' सुकरात ने पुछा ?

अरस्तु बोले - 'नहीं गुरुदेव, मुझे सिर्फ एक ही ख्याल आया और एक ही प्रयास रहा कि किसी भी तरह सांस आ जाए।'

सुकरात बोले - 'बस यही है लक्ष्य प्राप्ति का मार्ग। जो लक्ष्य है उसके अतिरिक्त जब कुछ न दिखे और किसी भी तरह उसे प्राप्त करना है, ये सोच हो तो वो लक्ष्य जरूर हासिल होता है।'

द्रोणाचार्य जब अपने शिष्यों को धनुर्विद्या सिखा रहे थे तब पेड़ पर चिड़िया कि आँख को निशाना लगाने का लक्ष्य दिया। और निशाना साधते हुए शिष्यों से पुछा कि तुम्हें चिड़िया के आँख के अलावा क्या दिखाई देता है? किसी ने कहा पेड़, किसी ने कहा चिड़िया, लेकिन सबसे होनहार शिष्य अर्जुन ने कहा मुझे तो सिर्फ चिड़िया के आँख ही दिख रही है उसके अतिरिक्त कुछ नहीं। इसीलिए अर्जुन सर्वश्रेष्ठ और महान धनुर्धर बने।

आइये मस्तिष्क विज्ञान से दिमाग को शक्तिमान और बुद्धिमान बनाने के इस सफर में आगे बढ़ते हैं, पढ़ाई में और जीवन में सफलता प्राप्त करना आसान बनाते हैं।

आपका

-डॉ. विनोद शर्मा

मो.- 9672999903, 7665500321

विषयसूची

अध्याय - 1

काश

युद्ध से कौन डरता है? वो जो लड़ना नहीं जानता। योद्धा नहीं डरता बल्कि वो युद्ध में अपना कौशल दिखाने को आतुर रहता है। डर उसी कार्य में लगता है जिसका ज्ञान और कौशल नहीं होता। जैसे-जैसे ज्ञान और कौशल बढ़ता जाता है वैसे-वैसे डर कम होता जाता है और उस कार्य में सहजता आती जाती है।

क्या आपने बाहुबली मूवी देखी, या सुल्तान या दंगल। इन सब फिल्मों में मुझे एक बात सीखने को मिली, कि इन सबके नायक कुशल योद्धा थे और लड़ाई से डरते नहीं थे बल्कि लड़ के जीतना चाहते थे। सीधी सी बात है कि जो कमजोर होगा वो डरेगा और जो ताकतवर होगा वो नहीं डरेगा। ये ताकत सिर्फ सोचने से नहीं आती बल्कि इसके लिए खूब सीखना और अभ्यास करना पड़ता है। इन फिल्मों में भी सब नायकों ने अपने कौशल को विकसित करने के लिए खूब मेहनत की थी। कोई भी कार्य मुश्किल या आसान नहीं होता बल्कि उसे मुश्किल से आसान बनाया जाता है। किसी भी कार्य को सहज बनाने के लिए उसमें निपुण होना पड़ता है। सफलता के लिए प्रतियोगिता का हिस्सा बन के उसमें सबसे आगे आना पड़ता है। याद रखिए, प्रतियोगिता अयोग्य और योग्य के बीच नहीं होती बल्कि योग्य और निपुण के बीच होती है। पढ़ाई के क्षेत्र में आपकी परीक्षा युद्ध है और इस युद्ध को जीतने के लिए आपके दिमाग को योद्धा बनना पड़ेगा। कमजोर दिमाग परीक्षा रूपी युद्ध से डरेगा जबकि ताकतवर और तैयार दिमाग उसे जीत लेगा।

आइये जानते हैं कि योग्य कैसे बना जाए और दिमाग को पढ़ने और परीक्षा से लड़ने में निपुण कैसे बनाये।

काश फार्मूला- सफलता का अचूक सूत्र - के. ए. एस. और एच.।

किसी भी परीक्षा, चाहे पढ़ाई हो या जिंदगी, में अक्सर एक लब्ज़ ज़ुबां पर आता रहता है, काश!! काश!! ये मुझे मिल जाता, काश मेरे पास भी ये होता, काश ये सवाल ही परीक्षा में आ जाए, काश मुझे भी ये आता, काश!! काश!! काश!! ये काश एक पछतावे का प्रतीक होता है। आज इसी पछताने वाले काश को एक दूसरे नज़रिये से देखें

तो जीवन में कभी काश नहीं कहना पड़ेगा। ये काश बना है अंग्रेजी भाषा के चार अक्षरों से - के.ए.एस और एच.। के का अर्थ है नॉलेज यानि ज्ञान। ए का तात्पर्य है एटीट्यूड यानि अभिवृत्ति, एस का अर्थ है स्किल्स यानि कार्य कुशलता और एच का यहाँ तात्पर्य है हैबिट यानि आदत।

काश फार्मूला आपको होनहार विद्यार्थी बना सकता है।

के - नॉलेज, किसी भी कार्य को करने के लिए सबसे पहली आवश्यकता है नॉलेज यानि उसका ज्ञान। इस पूरी दुनिया में किसी भी सफल व्यक्तित्व कि पहचान उसके कार्य क्षेत्र में उसका ज्ञान है। *ज्ञानं मनुजस्य तृतीयं नेत्रम*, ऐसा शास्त्रों में कहा गया है, यानी मनुष्य के अधिकांश समस्याओं का कारण अज्ञानता होती है और समाधान ज्ञान से ही होता है। ज्ञान जितना अधिक और सही होगा जीवन उतना ही आनंदमयी और आसान होगा। चाहे आप खेल सीखें, संगीत सीखें, नृत्य सीखें, खाना बनाना सीखें, पढ़ाई करें या व्यापार करें आपको उस क्षेत्र में ज्ञान प्राप्त करना और उसे लगातार बढ़ाना पड़ेगा। अन्यथा आप उस क्षेत्र में कभी सफल नहीं होंगे। ज्ञान उस कार्य में आगे आने वाली संभावनाओं से अवगत कराता है। जैसे आपको अगर दिल्ली जाना है तो आपकी छत से आपको दिल्ली नहीं दिखेगा लेकिन वहाँ जाने रास्ते के आपके ज्ञान कि वजह से आप दिल्ली और कहीं भी पहुँच सकते हैं। जिस भी काम में आपका ज्ञान ज्यादा और अच्छा है वो काम आपको सदैव अपेक्षाकृत सरल लगेगा। वास्तव में स्कूलों और कालेजों में ज्ञान ही तो मिलता है। ज्ञान से आप विद्वान् और समर्थ बनते हैं। इसलिए कोई भी कार्य करने के लिए उसका सही और अच्छा ज्ञान अवश्य होना चाहिए।

कोई भी तमन्ना सिर्फ चाहने से पूरी नहीं होती, उसका पूरा ज्ञान प्राप्त करना पड़ता है। मान लीजिये यदि कोई बीमार है और उसका ऑपरेशन होना है, अब हम कितने भी पॉजिटिव सोच लें कि मुझे उसे ठीक करना है उसे बचाना है, हम खुद उसका ऑपरेशन नहीं कर सकते, क्योंकि हमें ऑपरेशन करना नहीं आता। अगर बिना ज्ञान के ऐसा करेंगे तो वो मरीज़ ठीक नहीं होगा बल्कि और खतरे में पड़ जाएगा। आपकी सोच और नीयत अच्छी है उसे बचाने कि है लेकिन आपका ज्ञान इस काबिल नहीं है। तो ज्ञान या नॉलेज पक्का और सही होना सफलता में सबसे पहली और मूलभूत जरूरत है।

ए - एटीट्यूड या अभिवृत्ति, इंसान कि अभिवृत्ति या दृष्टिकोण ही उसके व्यक्तित्व का वो मुख्य घटक है जो उसकी सफलता या असफलता का कारक बनता है।

वास्तव में ये परिस्थिति के सापेक्ष आपकी प्रतिक्रियाओं का निर्धारण करता है। नकारात्मक सोच या नेगेटिव एटीट्यूड होने पर परिणाम कभी सकारात्मक या सफल नहीं हो सकता, जबकि पॉजिटिव एटीट्यूड, यानि सकारात्मक अभिवृत्ति से सफल होना तो

स्वाभाविक है ही बल्कि असंभव को भी संभव बनाया जा सकता है। एटीट्यूड ही आपके सपने को आकार देता है और सोच को संकल्प में बदलता है। ये ही इच्छा और इरादे का अंतर बताता है। इच्छा और इरादे में बहुत बड़ा अंतर है, इच्छा का सौदा हो सकता है, उसको विकल्प विचलित कर सकते हैं, लेकिन इरादे का सौदा नहीं हो सकता। उसका कोई विकल्प विचलन नहीं होता। और जब भी दबाव पड़ता है जिंदगी में इच्छा कमजोर पड़ जाती है और इरादा और मज़बूत हो जाता है। जहाँ कई सामान्य खिलाड़ी आदर्शमान (बेंचमार्क) के दबाव में मैदान छोड़ देते हैं वही विजेता विश्व कीर्तिमान बनाता है और विश्वविजेता बनता। मजबूत संकल्प और उस सकारात्मक एटीट्यूड कि वजह से ऐसा कर पाता है। पढ़ाई में भी दबाव और तनाव आपके एटीट्यूड पर निर्भर करता है। यदि आप पूरे मन से सकारात्मक सोच के साथ परीक्षा में सफल होने के दृष्टिकोण से तैयारी करें और उसे किसी भी सूरत में उत्तीर्ण करने का उद्देश्य रख के प्रयास करें तो आपको उसमें भी सफल होने से कोई नहीं रोक सकता।

एस - स्किल या कुशलता, किसी भी काम को करने के लिए उसका ज्ञान जरूरी है लेकिन उस कार्य में सर्वोच्च स्थान पर पहुँचने के लिए और पहचान बनाने के लिए उसमें कुशल होना जरूरी है। कौशल ज्ञान को लगातार अभ्यास में लाने से आता है। साथ ही दृढ़ संकल्प आपको उसमें आ। सही चुनौतियों का सामना करने और जीतने का सामर्थ्य देता है। जब मैंने भी अपनी माता कि तरह खाना बनाने को सीखने का मन बनाया तो पहले दिन खाना बनाने का पूरा ज्ञान प्राप्त करने के बाद इस विश्वास से कि अब मैं भी अच्छा खाना बना सकता हूँ, रसोई में गया और खाना बनाने का प्रयास किया, और तब मैंने अनुभव किया कि मेरा खाना बनाने का ज्ञान सही होने के बावजूद मैं अपनी माँ की तरह अच्छा कहना नहीं बना पाया। मुझे बहुत देर लगी तब भी खाना अच्छा नहीं बना जबकि माँ सुबह कुछ ही देर में पूरे घर का खाना बना लेती है वो भी स्वादिष्ट। इसका कारण था कि ज्ञान दोनों में बराबर था किन्तु कौशल माँ का ज्यादा था। कार चलाना जब सीखते है तो उसकी तकनीकी बातों का ज्ञान तो पहले ही दिन हो जाता है लेकिन गाड़ी चलाने के कौशल लगातार अभ्यास से आता है और तभी आसानी से सही गाड़ी चला पाते है। हर क्षेत्र में यही बात लागू होती है। पढ़ाई में भी ज्ञान के साथ-साथ कुशलता ही सफलता का मार्ग दिखाती है।

एच - हैबिट या आदत, ज्ञान को कौशल में बदलने का काम आदत करती है। मेहनत करना असफल लोगों को पसंद नहीं होता लेकिन मेहनत करना सफल लोगो को भी पसंद नहीं होता, उनका भी मन आराम करने का होता है, लेकिन सफल लोग जो काम मेहनत और थकाने वाला है और पसंद नहीं भी है इसे करते हैं और निरंतर करके उसकी

आदत बना लेते हैं। कम अंक लाने वाले को पढ़ना कम पसंद होता है और खेलना ज्यादा पसंद होता है इसी प्रकार अच्छे अंक लाने वाले विद्यार्थियों को भी पढ़ाई से ज्यादा खेलना और आराम करना पसंद होता है लेकिन अच्छे अंक लाने के संकल्प की वजह से वो पढ़ाई में खूब मेहनत करने को अपनी आदत बना लेते हैं। आदत चाहे अच्छी हो या बुरी हो लगातार उस काम को करने से ही बनती है। सुबह कि सैर पर जाना कितना भी आलस आये, लगातार सैर पर जाने से आदत बन जाता है। आदत होने पर वो कार्य करना बड़ा सरल लगता है। आदत बनाने के लिए उस काम को लगातार इक्कीस दिन तक कर लिया जाए तो दिमाग में उसकी आदत बन जाती है और उस काम में कुशलता आ जाती है। हाँ, इन इक्कीस दिनों में एक दिन भी वो कार्य छूटना नहीं चाहिए। पढ़ाई में जो विषय या सवाल ज्यादा मुश्किल लगते हों परेशान करते हों उन्हें इक्कीस दिन तक रोज़ करें तो वो विषय सरल लगने लगेगा।

*

अध्याय - 2

दस आदतें जो आपको होनहार विद्यार्थी बना सकती हैं!

1. **सकारात्मक सोच** - हमेशा सफल कैसे हों इस बारे में सोचें और सदैव पॉजिटिव रहें। कैसा भी विषय हो या परीक्षा हो, उससे डरे नहीं, ना ही तनाव में आये बल्कि अपने आपसे कहें कि आपके दिमाग और इरादे के आगे ये कुछ भी नहीं है। कभी ना सोचे कि मुश्किल है नहीं होगा, बल्कि कहें कि आसान है, मुझसे जरूर होगा। तनाव कभी न करें, समस्या को समस्या नहीं बल्कि पहेली या पज़ल माने। पज़ल या पहेली हल करने में मजा आता है बस इसी तरह कि सोच होगी तो जीवन कि समस्याएं भी हल हो जाएंगी बल्कि उन्हें हल करने में आनंद आएगा।
2. **टाइम मैनेजमेंट** - समय प्रबंधन, अपने क्रियाकलापों और कार्यों को व्यवस्थित और प्रबंधित करें। समय को भागों में बाँट के अपनी दिनचर्या सुनियोजित करें। समय को अर्जेंट यानि अति आवश्यक और इम्पोर्टेन्ट यानि महत्वपूर्ण इन दो भागो में बाँट के अपनी दिनचर्या सुनियोजित करें। जो काम महत्वपूर्ण है किन्तु तात्कालिक रूप से अति आवश्यक नहीं है उन्हें प्राथमिकता में दूसरे पायदान पर रखें और जो कार्य अति आवश्यक है उन्हें पहली प्राथमिकता दें। उदहारण के लिए आपके घर पर बिजली का बिल आया है जिसकी अंतिम देय तिथि पंद्रह दिन बाद है तो ये काम महत्वपूर्ण तो है किन्तु अर्जेंट नहीं है जबकि जिस दिन अंतिम तिथि होती है उस दिन वो काम महत्वपूर्ण होने के साथ-साथ अति आवश्यक भी हो जाता है।
3. **प्रभावी अध्ययन** - पढ़ाई सिर्फ अंक लाने के लिए नहीं बल्कि सीखने और ज्ञान प्राप्त करने के लिए करें। विषय के साथ भावनात्मक सम्बन्ध बनाएं। उसमें रूचि पैदा करें। उसे सिर्फ एक विषय कि तरह नहीं बल्कि जीवन में एक कौशल कि तरह सीखें। जैसे आप फेसबुक, इन्टरनेट और व्हाट्सएप का इस्तेमाल अंक लाने के लिए नहीं बल्कि ज्ञान के लिए और रूचि कि वजह से करते हैं, अखबार हम अंक लाने के लिए नहीं बल्कि जागरूक रहने और अद्यतन जानकारियों से अवगत रहने के लिए पढ़ते हैं। वैसे

ही अपने विषय को लें। उसकी सारगर्भित जानकारी के साथ-साथ जीवन में उसकी उपयोगिता पर ध्यान केंद्रित करें।

4. **अंतराल के साथ पढ़ें** - जिस प्रकार हम पूरे दिन का खाना एक साथ नहीं खा सकते, उसे विभिन्न अंतरालों से ही खाना पड़ता है, उसी प्रकार लगातार पढ़ने कि बजाय, हर एक घंटे कि पढ़ाई के बाद दस से पंद्रह मिनट का विराम लें। विश्राम करें। इससे अधिगम यानि लर्निंग स्थायी बनती है और दिमाग को पुनः ऊर्जा मिलती है।
5. **अच्छी नींद** - अच्छी और पूरी नींद आपके दिमाग को व्यवस्थित और ऊर्जावान रखती है। आठ घंटे कि पूरी नींद लें, रात को जाग-जाग कर पढ़ाई न करें। बल्कि अपना सिलेबस टाइम मैनेजमेंट के हिसाब से सुनियोजित करके पढ़े। और रात को सिर्फ नींद लें।
6. **इनोवेटिव रहें** - हमेशा नया करने का सोचे, एक विषय कि नयी-नयी जानकारियाँ रखें, जिज्ञासु बने रहें।
7. **अच्छा खाना** - सदैव अच्छा और स्वास्थ्यवर्धक खाना खाये, फ़ास्टफ़ूड और बाज़ार का खाना ज्यादा न खाएं। सलाद, फलों और फल के रस का सेवन करें। खूब पानी पिए, पानी आपके शरीर और दिमाग को तरोताज़ा रखता है और स्वस्थ रखता है।
8. **ध्यान और व्यायाम करें** - विद्यार्थियों को दिमाग और शरीर दोनों से तंदुरुस्त रहना चाहिए इसके लिए उन्हें जल्दी सोना और जल्दी उठना चाहिए, नियमित रूप से थोड़ा व्यायाम करना चाहिए। और निश्चित ही ध्यान करना चाहिए। इससे मन मस्तिष्क और शरीर स्वस्थ रहता है, ऊर्जावान और शक्तिशाली बनता है। एकाग्रता बढ़ती है।
9. **परीक्षा को सुनयोजित करें** - महत्वपूर्ण प्रश्नों और विषय-वस्तु को समय से पक्का कर के रखें। जहाँ दुविधा हो तैयारी में, अपने अध्यपकों से बेजिझक उन्हें दुबारा समझने को सहायता मांगे। लक्ष्य बनाएं कि कितना सिलेबस है, कितने अंक लाने है, कैसे पूरा करना है।
10. **एक बार में एक पर ही फोकस करें** - सब कुछ पढ़ने कि बजाय एक बार में एक प्रश्न या विषय वस्तु को केंद्र में रख कर उसे पूरा करें और पक्का करें। ये न सोचें कि इतना विषय है, इतना पाठ्यक्रम है। कौनसा प्रश्न आएगा कौनसा नहीं। ये सोचे कि यदि ये प्रश्न आया तो बिलकुल सही होगा।

*

अध्याय - 3

अच्छे और समझदार अभिभावकों के दस गुण

1. **विश्वास** - अपने बच्चे की काबिलियत पर विश्वास रखें और उसका विश्वास अर्जित करें। हर बच्चे में सफल होने कि काबिलियत है बस उसका तरीका अलग हो सकता है। आपके बच्चे के साथ आपका विश्वास बंधन इतना मजबूत होना चाहिए कि वो बच्चा आपको अपने जीवन की हर बात बताये आपसे कुछ छिपाएं नहीं, और ये उसे कहने से नहीं बल्कि आपके व्यवहार से होगा।
2. **अच्छे श्रोता बने** - आप अपने बच्चे की सभी बातों को अच्छी तरह सुने, पूरा सुने और समझे। निष्कर्ष निकालने से पहले उसे भावनात्मक और विश्लेषणात्मक रूप से जाने और समझे। उससे कोई गलती हो जाए तो भी उसे डांटने या दोषी ठहराने से पहले उसे भी अपने पक्ष रखने दें।
3. **बच्चों के साथ जरूर समय बिताएं** - आज की भाग-दौड़ की जिंदगी में बहुत कम माता-पिता बच्चों के लिए समय निकाल पातें हैं। ये जानते हुए भी कि जीवन में सबसे ज्यादा प्यारा और अजीज हर माता-पिता के लिए उसका बच्चा होता है, कई बार माता-पिता बच्चे कि दैनिक जरूरतें तो पूरी कर देते है साथ ही अच्छे स्कूल में भी दाखिला दिलवा देते है,लेकिन खुद समय बहुत कम दे पाते है। याद रखिये हर जरूरत कि चीज़ देने के साथ आपका व्यक्तिगत साथ और समय भी बच्चे कि मूलभूत आवश्यकता है। उनके साथ समय बिताये, उनकी बातें सुने उनसे बाते करें।
4. **बच्चे को प्रेरित करें** - बच्चे को किसी भी कार्य में चाहे वो पढ़ाई हो या कोई और काम, उसे प्रेरित करके करने को कहें, मोटिवेट करें। डराए या दबाव न बनाये। दिमाग मोटिवेट करने पर उस काम से जुड़ता है और दबाव डालने पर उसी काम से दूर भागता है। बच्चे को काम न करने के नुकसान ज्यादा न बताये बल्कि काम को सफलता पूर्वक करने के फायदे बताये और प्रेरणा दें।

5. **बच्चों को सिर्फ अंक लाने के लिए न पढ़ाएं बल्कि सम्पूर्ण सफल व्यक्तित्व बनाने कि लिए पढ़ायें** - केवल अंको का और परीक्षा का दबाव बनाकर पढ़ने को न कहें बल्कि पढ़ाई का वास्तविक उद्देश्य सम्पूर्ण व्यक्तित्व का विकास है ये जान के पढ़ने को प्रेरित करें। उनकी पढ़ाई से जुड़े गुणों को जाने और समस्याओं को समझे।
6. **अच्छा और स्वास्थ्यवर्द्धक भोजन दें** - बच्चों को बाजार से कुछ भी खाने की आदत न डालें, याद रखें अच्छा तन और अच्छा मन दोनों बच्चे के लिए जरूरी हैं। डिब्बाबंद और फ़ास्ट फ़ूड के बजाय घर में अच्छा स्वादिष्ट और स्वास्थ्यवर्धक खाना बना के खिलाएं।
7. **उनके दोस्त बने** - बच्चों के जीवन में कई बातें है जो उन पर प्रभाव डालती हैं, अच्छी भी और बुरी भी, और ये निर्भर करता है कि आप कैसे अपने बच्चे को समझते हैं, सदैव एक सच्चा और अच्छा दोस्त बनकर बच्चे के जीवन को समझे और उसे समझाए।
8. **विशेषताओं को प्रोत्साहित करें** - जो बातें आपके बच्चे कि विशेषताए हैं उन्हें पहचान कर प्रोत्साहित करें, यदि उसे अच्छा गाना आता है या किसी खेल में वो निपुण है, या उसमें कोई और अच्छी विशेषता है तो उसे अनदेखा न करें बल्कि उसे खूब प्रोत्साहित करें। याद रखें, इन्हीं विशेषताओं कि वजह से हम सचिन, अमिताभ, ए.पी.जे. कलाम, सान्या मिर्ज़ा आदि को जानते हैं। जो बच्चे में अच्छा है उसकी तारीफ करें जो कमजोरी है या कमीं है उसे दोस्त कि तरह समझ के दूर कराएं। बच्चे का लक्ष्य जीवन में क्या हो सकता है, या किस काम में वो खुद सफल होना चाहता है या हो सकता है ये जानने का प्रयास करें न कि अपनी तरफ से बनाया हुआ लक्ष्य उस पर थोपें।

*

अध्याय - 4

दृश्यात्मक साहचर्य
(विज़्लाइज़्ड एसोसियशन)

दिमाग़ में स्मृति (मेमोरी) किन्हीं दो सूचनाओं का आपसी संयोजन होता है, इसे ही हम साहचर्य कहते हैं। इसी साहचर्य को यदि किसी मेथड की तरह इस्तेमाल करें तो हम वो सब कुछ याद रख सकते हैं जिसे याद रखना चाहते हैं। कुछ भी याद करने का महत्व तभी है जब वो समय पर याद आ जाए। किसी भी सूचना को याद आने के लिए प्रश्न की ज़रूरत होती है। आप ध्यान दीजिए की आप के दिमाग़ में जो कुछ भी मेमोरी के तौर पर है उसे याद आने के लिए हम क्या करते हैं उससे जुड़ी किसी सूचना को सवाल के तौर पर पूछते हैं। एग्ज़ाम में भी सवाल ही तो आते हैं जिसमें किसी भी सूचना का कोई एक भाग ज़रूर होता है। और उससे जुड़ी हुई बातें हम जवाब में लिखते हैं, अच्छे से और पूरा याद आना इस बात पर निर्भर करता है की सूचनाओं का संयोजन कैसा है। बस अगर हम किसी तरीके से सूचनाओं को आपस में इस तरह जोड़े की एक सूचना दूसरी सूचना के लिए सहायक हो जाए तो हमें अधिकांश चीज़े याद रहेगी।

दृश्यात्मक साहचर्य - विज़्लाइज़्ड एसोसियशन

इसमें हम एक सूचना को दूसरी सूचना से जोड़ने के लिए विज़वलाइज़ेशन यानी दृश्यकरण का उपयोग करते है। हम दोनों सूचनाओं की मुख्य बात को दिमाग़ में दृश्य रूप में देख लेते हैं फिर आपस में जोड़ देते हैं। जैसे संयुक्त राष्ट्र संघ के कुछ मुख्यालय से जुड़े स्थानों को याद करके देखते है। संयुक्त राष्ट्र संघ का मुख्यालय न्यूयॉर्क में है, विश्व स्वास्थ्य संघटन का मुख्यालय जिनेवा में है, वर्ल्ड बैंक वाशिंगटन में है, अंतराष्ट्रीय न्यायालय स्थित है हेग में। अब इसे याद करते हैं और इस्तेमाल करते हैं विज़्लाइज़्ड एसोसियशन का। सयुक्त राष्ट्रसंघ - न्यूयॉर्क, विज़वलाइज़ करने के लिए इन शब्दों से जुड़ी कोई स्वाभाविक दृश्य घटना को देखेंगे, जैसे न्यूयॉर्क के रूप में मुझे स्टॅच्यू ऑफ लिबर्टी दिखाई देती है, और सयुक्त राष्ट्र के रूप में हम दृश्य बना सकते है की बहुत सारे देशों

के राष्ट्रपतियों का समूह, अब इमेजिन करें कि बहुत सारे देशों के राष्ट्रपति समूह बना के स्टॅच्यू ऑफ लिबर्टी के नीचे खड़े है। विश्व स्वास्थ्य संघटन - जिनेवा, इसमें मुख्य शब्द है, स्वास्थ्य जिसका दृश्य बना सकते है - अस्पताल और दूसरी सूचना है- जिनेवा, इसके लिए हम इसके शब्द के अक्षरों को तोड़ कर दृश्य बना सकते हैं, जिनेवा से शब्द तोड़ के जिन बना लिया और जिन दृश्य रूप में दिख गया, अलादीन के चिराग का जिन, अब सोचे की अस्पताल में अलादीन का जिन अपना इलाज करा रहा है। वर्ल्ड बैंक - वाशिंगटन, इमेजिन करें कि आप बैंक (वर्ल्ड बैंक) में गये और आपने देखा वहाँ वॉशिंग मशीने रखी है, बैंक कर्मी सारे पैसे वाशिंगमशीन (वाशिंगटन) में डाल के धो रहे हैं, आजकल यही हो रहा है। अंतर्राष्ट्रीय न्यायालय हेग में है, इमेजिन करें कि आप न्यायालय में गये जहाँ सारे लोग दीवारों पे हेंग(हेग) यानी लटके हुए हैं। अब अगर मैं पूछता हूँ वर्ल्ड बैंक कहाँ स्थित है, आप को बैंक सुनते ही दृश्य क्या दिखेगा की आप बैंक में गये और क्या देखा था वॉशिंग मशीन, तो क्या याद आया, वॉशिंगटन। चलो ये बताओ विश्व स्वास्थ्य संघ का मुख्यालय कहा है, स्वास्थ्य सुनते ही याद आया अस्पताल और कौन था अस्पताल में, जिन, यानी जिनेवा है उत्तर। है ना मेथड असरदार।

मैं जब एक स्कूल में पढ़ाता था तब एक दिन एक स्टूडेंट ने ऐसा सवाल पूछा, जिसने मेरे दिमाग़ में दिमाग़ की दुनिया को जानने की उत्सुकता को जन्म दिया, हुआ ये कि मैंने एक सामान्य अध्यापक की तरह एक छात्र से कहा की आज का विषय कल अच्छी तरह याद करके आना, तो उसने कहा, सर अच्छी तरह याद कैसे करते हैं? मैंने कहा की मन लगा के पढ़ो और फिर याद करो। उसने पूछा, सर मन कैसे लगाते है? और उस वक्त में इसका कोई संतुष्टिप्रद उत्तर उसे नहीं दे पाया और कुछ भी औपचारिकता भरे जवाब उसे देके उसे तो बिठा दिया लेकिन मैं जानता था की मेरे पास कोई सही उत्तर नहीं था। ये सवाल मेरे दिमाग़ में घूमता रहा और मैं जानना चाहता था की आख़िर मन कैसे लगता है, और पढ़ाई में अक्सर मन क्यों नहीं लगता? और आज भी जब कभी कोई पेरेंट मुझसे कहता है की हमारा बच्चा वैसे तो इंटेलिजेंट है बस पढ़ाई में इसका मन नहीं लगता तो मुझे खुद पर हँसी आ जाती है। आइए इसका उत्तर खोजते हैं।

*

अध्याय - 5

एकाग्रता और अभिरुचि

मेरी बहन मेरे पास आई और बोली, विनोद तुम बड़े माइंड एक्सपर्ट बनते हो, सबको दिमाग़ तेज़ करना सिखाते हो, अपने भांजे के लिए भी कुछ करो, मैंने पूछा क्या हुआ? वो बोली, इसका कॉन्सेंट्रेशन कमजोर है, पढ़ाई में ध्यान नहीं देता। मैंने देखा की जब मेरा भांजा पढ़ने बैठता था तो एकांत में कमरा बंद करके पढ़ता था, और जब एग्ज़ाम होते तो पुर घर में कर्फ़्यू लगा देता, पापा आवाज़ मत करो, दीदी गाने मत चलाओ, मामा टीवी का वॉल्यूम बंद करो, मेरा एग्ज़ाम है, और मैं इतनी आवाज़ में कंसेंनट्रेट नहीं कर सकता। मुझे लगा एकाग्रता के लिए एकांत और शांति की ज़रूरत होती होगी, और कोई दूसरी आवाज़ एकाग्रता में खलल डाल देती होगी, इसीलिए हम सभी जब कुछ पढ़ते या याद करते हैं, तो एकांत में शोर-शराबे से दूर हो के शांति से पढ़ते हैं, तो मुझे लगा की मन लगाने और एकाग्रचित्त होने के लिए बिना आवाज़ की जगह, एकांत होना चाहिए साथ ही कोई दूसरी आवाज़ या शोर नहीं होना चाहिए। लेकिन ये बात ग़लत साबित हुई जब मैंने मेरे भानजे को टीवी पर कार्टून देखते हुए देखा। जब वो कार्टून देख रहा था तो उसकी मम्मी ने कई बार उसे बुलाया, गौरांग इधर आओ, खाना खा लो। उसके कान में आ के चिल्ला के बोली तब भी वो टस से मस नहीं हुआ, जैसे कि उसे आवाज़ आई ही ना हो। वो पूरी तरह अपना कार्टून देखने में मग्न था, यानी उसका पूरा मन कार्टून देखने में लगा हुआ था। तब मैं समझ गया की वो चीज़े या सूचनाएँ जो इंट्रेस्टिंग होती है, यानी रोचक होती हैं, उसमें अपने आप ही मन लग जाता है और कॉन्सेंट्रेशन पूरी तरह से होता है, यानी कॉन्सेंट्रेशन कमज़ोर या शक्तिशाली नहीं होता बल्कि निर्देशित होता है अभिरुचि और इंटेरस्ट से। साथ ही मैंने एक और प्रयोग किया, मैंने गौरांग से उस कार्टून से जुड़े कई सवाल पूछे और उसने सबके सटीक उत्तर दिए, और उसे सब कुछ याद था यहाँ तक की पुराने एपीसोड भी, कहीं से कुछ भी पूछो सब उसकी ज़ुबान पे था, मानो सैंकड़ो बार रटा और दोहराया हो। जबकि उसने सिर्फ़ कार्टून एक बार देखा था, तब मैंने जाना की यदि विषय रुचिकर हो तो मन भी अपने आप लग जाता है और याद भी अपने आप हो जाता है। हमें विषयों और पढ़ाई

की सूचनाओं को भी रोचक बना के स्टडी करनी चाहिए। पढ़ाई को रोचक बनाने के लिए निमानिक विज्ञान, एसोसियशन और इमेजिनेशन का इस्तेमाल किया जा सकता है। आगे आने वाले अंको में मैं ऐसे कुछ तरीके बताउँगा जिनसे पढ़ाई को रोचक और अभिरुचि बनाया जा सकता है।

*

अध्याय - 6

रचनात्मक कल्पनाशीलता (क्रिएटिव इमेजिनेशन)

क्या कभी आपने किसी कुत्ते को मोबाइल पे बात करते हुए देखा है? या बकरी को ब्यूटी पार्लर जाते हुए, या घोड़े को कार चलाते हुए, या गधे को गणित की ट्यूशन पढ़ते हुए? ये पढ़ के आपको हँसी आ रही होगी, अजीब लग रहा होगा। सोच रहे होंगे की आज विनोद जी कैसी बातें कर रहे हैं? लेकिन यहाँ जो बात समझने वाली है, वो ये कि ये सारे काम हमारे आस-पास होते रहते हैं, हम लोग करते रहते हैं और हमें कोई आश्चर्य नहीं होता क्योंकि हमारे लिए यानी इंसानों के लिए ये सब आम बात है, जबकि ऐसा जानवर या अन्य प्राणी नहीं कर सकते। लेकिन आप ये ज़रूर जानते होंगे की आज से लाखों वर्ष पूर्व ये जानवर और हम एक जैसे ही थे और एक ही जैसा जीवन जीते थे, जंगल में रहते थे गुफाओं में। और मुख्यतः एक ही काम सब करते थे भोजन ढूँढने का, भोजन मिलने पर पुनः अपनी गुफा में लौट आते थे। आज इतने वर्षों बाद, ये जानवर आज भी ऐसे ही हैं, बस पूरे दिन भोजन की तलाश और फिर अपनी जगह पर। लेकिन हम इंसान बदल गये। इतने निर्माण किए, इतने आविष्कार किए, पूरी दुनिया का नक्शा ही बदल डाला, जंगल से शहर और गुफाओं से आलीशान इमारतों का सफ़र इंसान ने अपने दिमाग़ के बलबूते पर तय किया। लेकिन क्या आप जानते है, की दिमाग़ की कौनसी विशेषता और कौनसी शक्ति के सहारे इंसान ऐसा कर पाया? वो है, क्रिएटिव इमेजिनेशन।

क्रिएटिव इमेजिनेशन – **रचनात्मक कल्पनाशीलता**

कुदरत ने हर प्राणी को कोई ना कोई ख़ासियत दी है शारीरिक रूप से, जो इंसान को मिली शारीरिक शक्ति से कहीं ना कहीं ज़्यादा विशिष्ट और ताकतवर है, जैसे शेर को तीखे दाँत और पंजे दिए, हाथी को असीम शक्ति दी, चिड़िया उड़ सकती है, मछली पानी के अंदर तैर सकती है, यानी जानवरों को शारीरिक विशेषताएँ मिली हैं, जबकि इंसान को शारीरिक रूप से इस प्रकार की ख़ासियतें नहीं मिली हैं, फिर भी इंसान पूरी दुनिया पे इन

जानवरों से ज़्यादा बड़े पैमाने पर राज करता है, बल्कि इन पशुओं को भी अपने नियंत्रण में रख लेता है, इसका कारण है इंसान की सबसे बड़ी ख़ासियत, उसका दिमाग़। ये ख़ासियत ही उसे एक शक्तिशाली प्राणी बनाती है। लेकिन क्या आप जानते हैं की दिमाग़ में जो चीज़ दिमाग़ को ये शक्ति देती है वो चीज़ है क्रिएटिव इमेजिनेशन। यानी इंसान का दिमाग़ कल्पना कर सकता है, वो भी रचनात्मकता के साथ। अर्थात इंसान जो उसने नहीं देखा है, उसकी भी कल्पना करके उसके सृजन के बारे में सोच सकता है। और इसी शक्ति के बूते इतने आविष्कार हुए हैं। इतना बदलाव हुआ है। विज्ञान भी क्रिएटिव इमेजिनेशन का एक रूप है। कोई भी बदलाव या खोज या आविष्कार पहले एक कल्पना मात्र होता है। फिर दिमाग़ की रचनात्मकता उसे रूप और संभावना देती है। और एक अद्भुत बात ये है की इमेजिनेशन यानी कल्पनाशीलता लॉजिक यानी तर्क से प्रभावित नहीं होती। कल्पना पहले होती है, तर्क बाद में आधार बनता है। उदाहरण के लिए, मान लीजिए आपके घर के सोफे पे एक शेर बैठा है जो चॉकलेट खा रहा है। देखिए, ये दृश्य आपको कल्पना करते ही दिखाई देने लग गया, शेर चॉकलेट ख़ाता हुआ दिमाग़ में दिखाई दे रहा है, जबकि तार्किक रूप से हम जानते है की शेर चॉकलेट नहीं ख़ाता है। एक और उदाहरण लेते है, मैं कहता हूँ, लाल सेब के बारे में बिल्कुल मत सोचो। देखिए मेरे मना करने के बावजूद आपके दिमाग़ में लाल सेब का चित्र आ गया, यानी कल्पना लॉज़िक से तेज़ और अप्रभावित होती है। अल्बर्ट आइंस्टाइन ने भी कहा है की इंसान का इमेजिनेशन इस दुनिया की सबसे ताकतवर चीज़ है। बस इस शक्ति को हमें पढ़ाई में और जीवन के किसी भी काम को करने में इस्तेमाल करना आना चाहिए। यही है जो असम्भव को संभव कर देता है।

*

अध्याय - 7

मस्तिष्क विज्ञान फोनिक विधि

ये सब जानते हैं कि परीक्षाओं में याद करने का कितना महत्व है। मगर क्या आप जानते हैं सूचनाओं और विषय वस्तु के अनुसार याद करने का समय बदलता रहता है। क्या आपने कभी ध्यान दिया है कि याद करने में हमें सही में कितना वक्त लगता है। कई बार ये पता नहीं होता कि कितना समय चाहिए किसी एक विषय या अध्याय को पक्का और पूरा याद करने में। दरअसल याद करने का समय निर्भर करता है विषय, या सूचना के प्रकार पे। सबसे आसान होता है चीज़ों को याद करना जो दिखाई देती हैं, जिनका त्रि-आयामी चित्र बनता है। जैसे छोटे बच्चों कि प्ले- स्कूल में चीज़े दिखाई जाती हैं और बच्चे उन्हें देख के सीखते हैं। उससे मुश्किल होता है शब्दों को याद करना। उससे मुश्किल होता है राइमिंग यानि तुकबंदी वाली विषय वस्तु जैसे पोयम या कवितायें। उन से मुश्किल होता है शब्द समूह यानि वाक्यों को याद करना, उससे मुश्किल होता है वाक्य समूह यानी थ्योरी याद करना। और सबसे मुश्किल होता है, संख्याओं को याद करना। क्योंकि संख्याएं अमूर्त होती है। असल में दिमाग कि नज़र में वो सूचनाएँ सरल और जल्दी याद होने वाली होती हैं जिनके वास्तविक अर्थ के साथ-साथ कोई चित्रात्मक सूचना भी प्रकट हो जाती है। जैसे यदि मैं कहूँ हवाई जहाज तो आपके दिमाग में हवाई जहाज का चित्र भी आ गया और नाम भी और साथ उसका अर्थ भी आपको पता है। यदि शब्द के साथ साथ चित्र भी आ जाता है तो ये चित्र सूचनाओं कि सहायक सूचनाएं होती है जो विषय को सरल बनाती है। लेकिन यदि मैं कहूँ बत्तीस, अब आपके दिमाग में 32 बत्तीस के रूप में आ जायेगा, लेकिन कोई खास चित्र नहीं आएगा। चूँकि संख्यात्मक सूचनाओं का कोई सहायक चित्र नहीं होता इसलिए संख्या रूपी सूचनाएं कंफ्यूसिंग होती हैं और देर से बार बार दोहराने पर याद होती है। आइये आज जानते हैं किस प्रकार संख्यात्मक सूचनाओं को चित्रात्मक स्वरूप दिया जाए।

यदि मैं कहूँ कि क्या आपको याद है आपके पापा के पास पहली गाड़ी कौन-सी थी? आपको वो गाड़ी दिखाई देने लग जायेगी, मगर अगर मैं पूछता हूँ कि क्या आपको उसका नंबर याद है? तो कई बार अधिकांश लोगों को कंफ्यूज़न हो जाता है। कौन-से बैंक में अकाउंट है, ये सुनते ही आपके दिमाग में बैंक दिखने लगेगा लेकिन बैंक अकाउंट नंबर याद नहीं आता, दोस्तों के नाम, पते, चेहरे फिर भी याद आ जाते हैं, लेकिन उनका फ़ोन या मोबाइल नम्बर फ़ोन में या डायरी में नोट करके ही रखना पड़ता है। पढ़ाई में भी स्क्वायर, रुट, क्यूब रुट, गणित के सूत्र, इतिहास की तिथियां, पहाड़े आदि बार-बार दोहराने पर भी भूलते रहते हैं। कारण यही है की संख्यात्मक विषय वस्तु को दिमाग देर से याद करता है और जल्दी भूलता है। मुश्किल होता है, संख्याओं को याद करना। क्योंकि संख्याएं अमूर्त होती हैं। असल में दिमाग कि नज़र में वो सूचनाएँ सरल और जल्दी याद होने वाली होती हैं जिनके वास्तविक अर्थ के साथ-साथ कोई चित्रात्मक सूचना भी प्रकट हो जाती है क्योंकि संख्याओं के साथ कोई चित्रात्मक सहायक सूचना नहीं होती। चलिए आज सीखते हैं कि संख्याओं को चित्रात्मक रूप में कैसे बदलें?

मस्तिष्क विज्ञान फोनिक विधि

देखिये अंक जीरो से नौ तक होती है और इन्हीं से सारी संख्याएं बनती हैं। अब इन्हें इस प्रकार एक ध्वनि के रूप में अंग्रेजी के अक्षरों में बदल दें। जीरो को 'एस', एक को 'टी', दो को 'एन', तीन को 'एम्', चार को 'आर', पांच को 'एल', छह को 'जे', सात को 'के', आठ को 'एफ', और नौ को 'पी' अक्षर मान लें। ध्यान दें कि जितने भी अक्षर इन अंको को दिए हैं वो सब कॉन्सोनेंट यानि व्यंजन है, स्वर नहीं लिए हैं, क्योंकि स्वरों यानि वॉवेल का उपयोग इन अक्षरों से शब्द और चित्र बनाने में उपयोग करेंगे। अब कोई उदाहरण लेते हैं। जैसे पच्चीस यानि दो और पांच को चित्र रूप में देखने के लिए इनके अंको के प्रतीक अक्षरों को लीजिये, दो - एन और पांच - एल। अब एन और एल के बीच वॉवेल लगा के शब्द बन सकता है नेल यानि नाख़ून या नाला या नीला (रंग) जैसे चित्र स्वरूप बन सकते हैं और पच्चीस का प्रतीक सहायक चित्र नाला या नाख़ून जाएगा। एक और उदहारण लेते हैं बत्तीस यानि तीन और दो। फोनेटिक रूप में तीन यानि एम और दो यानि एन हुआ। एम और एन में वॉवेल लगा के मून यानि चाँद बन सकता है और वो दिखने लगेगा। इस प्रकार आप हर संख्या के लिए स्वयं के फोनेटिक कोड बना सकते हैं और इन चित्रों से मुख्य सूचना को जोड़ के याद रख सकते हैं। जैसे संविधान के अनुच्छेद

उन्नीस का सम्बन्ध है 'वाणी की स्वतंत्रता', याद रखने के लिए उन्नीस यानि एक और नौ, फोनेटिक कोड क्रमशः टी और पी। वॉवेल लगा के बन सकता है 'टेप' यानि नल। कल्पना कीजिये की आप नल को माइक की तरह पकड़ कर जो मन करे वो बोल रहे हैं क्योंकि वाणी की स्वतंत्रता है। और इस प्रकार ये याद रहेगा। और इस विधि से संख्या वाली सूचनाएं आसान चित्र बन सकती हैं।

*

अध्याय - 8

बैनिआहपीनाला

"बैनीआहपीनाला" इस शब्द से क्या आपको कुछ याद आया? चलिये हिंट देता हूँ, ये एक रंग-बिरंगा शब्द है। इसे अंग्रेजी में विबग्योर भी कहते हैं। शायद अब अधिकांश लोगों को याद आ गया होगा क्योंकि लगभग सभी स्कूलों में कभी-ना-कभी किसी-ना-किसी अध्यापक ने ये शब्द बताया और सिखाया होता है। चलो फिर एक बार इसे समझते हैं।

बचपन में मुझे मेरे अध्यापक नें इंद्रधनुष के सात रंगों को क्रम से याद रखने के लिए रंगों के प्रथम अक्षर से बना एक शब्द सिखाया था। वो था **बैनीआहपीनाला**।

वास्तव में ये इन्द्रधनुष के सात रंगों का सूचक साहचर्य है जो रंगों के क्रम को याद दिलाने में मदद करता है। *बै- से बैंगनी, नी- से नीला, आ- से आसमानी, ह- से हरा, पी- से पीला, ना- से नारंगी और ला- से लाल।* ये भी एक तरह का एसोसिएशन है। जो इस सूचना के याद आने में सहायक है। लेकिन आज हम इसी "बैनीआहपीनाला" या "विबग्योर" का उपयोग दूसरी क्रम बद्ध सूचनाओं को याद रखने में करेंगे।

विबग्योर मेथड - **बैनिआहपीनाला**

क्या आप जानते हैं कि बैनिआहपीनाला एक नेमोनिक मेथड भी है? इसमें हम इन रंगों को किसी सूचना या तथ्य को याद करने के लिए आधार सूचना या सहायक सूचना बना लेंगे। रंगों के क्रम को किसी घटना, सूचना या तथ्यों के क्रम को याद रखने में या समय याद रखने में कर सकते हैं जैसे, बैनिआहपीनाला के रंगों को हम इतिहास की शताब्दियों को याद करने का आधार बना सकते हैं। जैसे चौदहवीं शताब्दी की घटनाओं को बैंगनी रंग से, पंद्रहवी शताब्दी की घटनाओं को नीले, सोलहवीं को आसमानी, सत्रहवीं को हरा, अठहरवीं को पीला, उन्नीसवीं शताब्दी को नारंगी और बीसवीं शताब्दी को लाल रंग का साहचर्य दे सकते हैं। यानि इन शताब्दियों से जुडी घटनाओं को याद रखने के लिए हम घटना या तथ्य को शताब्दी से संबंद्धित रंग दे देंगे। उदाहरण के लिए ताजमहल का निर्माण सोलहवीं शताब्दी में हुआ था। इसे याद रखने के लिए, विबग्योर में सोलहवीं शताब्दी के

लिए रंग है आसमानी। अब कल्पना करें की ताजमहल का रंग आसमानी है। या आप खुद ताजमहल पर आसमानी रंग कर रहें हैं। ताजमहल वास्तव में तो सफ़ेद है किंतु आपकी कल्पना में ये आसमानी दिखेगा और आसमानी रंग से याद आ जाएगा कि इसका निर्माण सोलहवीं शताब्दी में हुआ। एक और उदाहरण लेते है । अकबर पंद्रहवी शताब्दी से जुड़े हैं। तो कल्पना करें की अकबर की पोशाक, उनका महल, उनके हाथी घोड़े सब नीले रंग के हैं। क्योंकि बैनीआहपीनाला सूत्र में नीला रंग पंद्रहवीं शताब्दी का प्रतीक है। तो जब भी अकबर से जुड़ा कोई तथ्य याद करना हो उसे नीले रंग में देखे। इससे सदैव उसकी शताब्दी याद रहेगी। अब एक लॉजिकल बात याद रखें कि हम शताब्दी यहाँ संख्यात्मक रूप से याद रख रहे हैं। तार्किक रूप से हमें पता होना चाहिए की हम संख्या में बीसवीं शताब्दी को इक्कीसवीं सदी कहते हैं। यानी हर संख्या शताब्दी को एक आगे की सदी कहते हैं। इसका कारण है कि जब पहली सदी को संख्या रूप दिया गया तो ईस्वी संवत या कैलेण्डर के अनुसार एक रूप में सदी को शून्य सदी ना कहके पहली कहा गया। इससे पहली को दूसरी सदी और दूसरी सदी को तीसरी कहा तो प्रचलन सिद्धांत एक आगे की सदी कहने का बना। किन्तु इतिहास में मुख्य शताब्दी संख्या रूप में ही याद करना आसान होता है। और उसमें बेनिआहपीनाला या विबग्योर एक मजेदार और असरदार तरीका याद करने के लिए हो सकता है। इसी प्रकार यदि बड़े सैद्धांतिक उत्तर याद करने के लिए हम इन रंगों के क्रम का उपयोग कर सकते हैं, जैसे यदि आप चार पृष्ठों का उत्तर याद कर रहे हैं, उसे आसान करने के लिए हर पृष्ठ को विबग्योर के रंग का आधार दे सकते हैं। पहले पेज पर स्थित सूचनाओं को बैंगनी रंग में दूसरे पेज की सूचनाओं को नीले, तीसरे पृष्ठ को आसमानी और चौथे को हरे रंग का सहायक आधार दे के दीर्घ उत्तरात्मक प्रश्नों को याद किया जा सकता है। आने वाले अंको में ऐसे कुछ उदाहरणों को विस्तृत रूप में देखेंगे।

*

अध्याय - 9

काल्पनिक यात्रा-वास्तविक अनुभव - सात आश्चर्य (सेवन वंडर्स) प्रयोग

आप एक शहर से दूसरे शहर आज कैसे जाते हैं? बस, कार या रेलगाड़ी से। या पैदल? सौ किलोमीटर की दूरी अगर कार से तय करें तो दो घंटे लगेंगे, और पैदल तय करें तो दो दिन। दूरी उतनी ही है मगर आप इसे कैसे तय कर रहे है इससे उसे तय करने वाला समय प्रभावित होता है। आज से पांच सौ साल पहले लोग पैदल जाते थे और आज बस, रेल, कार या हवाई जहाज से। इससे आवागमन का समय पहले से कम हो गया है। और समय बचाने का श्रेय जाता है, विज्ञान को। विज्ञान हमारे जीवन में किसी काम में लगने वाला समय, श्रम और थकान को कम करता है और काम को आसान करके उसकी गति बढ़ता है। लेकिन पढ़ाई में आज पहले से ज्यादा वक्त और ज्यादा एफर्ट्स यदि अच्छे अंक लाने के लिए लगाने पड़ते हैं तो ये इंगित करता है कि हम विज्ञान पढ़ते तो हैं लेकिन उसका उपयोग पढ़ाई में नहीं करते। जिस तरह आवागमन में किसी दूरी को तय करने के लिए पैदल, साईकिल, बस, रेल, कार और हवाई जहाज जैसे विभिन्न तरीके है, और अलग-अलग तरीके से दूरी तय करने का समय और गति भी अलग-अलग होगी उसी तरह से पढ़ाई में और याद करने में भी यदि तरीके बदले जाएँ तो उसमें भी लगने वाला समय और श्रम बदलेगा और बचेगा।

काल्पनिक यात्रा- वास्तविक अनुभव - सेवन वंडर्स प्रयोग

जब हम परिवार या दोस्तों के साथ किसी यात्रा पर घूमने जाते हैं, तो हमें उस यात्रा की लगभग सारी बातें याद हो जाती हैं क्योंकि उसका अनुभव वास्तविक होता है। इसी प्रकार हम एक काल्पनिक यात्रा बना के भी उसे अनुभव की तरह याद कर सकते हैं। वर्तमान में सात नए अजूबों के बारे में आपने सुना या पढ़ा होगा। पर क्या ये सात अजूबे आप को क्रम से याद हैं? चलिये आज याद करते हैं। सात नए अजूबे हैं- क्राइस्ट द रिडीमर - ब्राजील, चीन की महान दीवार- चीन, माचू पीचु - पेरू, पेट्रा - जॉर्डन, चिचेन इट्ज़ा - मेक्सिको,

कोलोजियम - रोम और ताजमहल - भारत। इस क्रम को याद करने का एक तरीका तो दोहराने वाला है। यानी इन सब सूचनाओं को बार-बार दोहरा के रट लें। ये पुराना वाला तरीका है। एक अलग तरीके से इन्हें याद करते हैं। आप कल्पना करें की आप अपने परिवार के साथ सात अजूबों को देखने की यात्रा पर गए और खुद देख के आये। साथ ही इनके नामों को याद करने के लिए हम काल्पनिक चित्र भी बना लेंगे। जैसे सबसे पहले आप ब्राज़ील गए जहाँ आपने जीसस क्राईस्ट की बहुत बड़ी प्रतिमा देखी। उस प्रतिमा के पीछे से एक बहुत बड़ी दीवार थी जो चीन तक जा रही थी। उस दीवार पर आप चढ़ गए तो आपने देखा उसके दूसरे छोर पर एक ऐसा मैंच हो रहा है जिसमें खिलाड़ी पिच को पैरों से समतल कर रहे है। वहाँ किसी ने पेट्रोल छिड़क दिया और उससे जोरदार आग लग गयी तो आप वहाँ से भाग के एक रेस्टोरेंट में पहुँच गए जहाँ आपने मेक्सिकाना चिकन पिज़्ज़ा खाया। वो पिज़्ज़ा ख़राब था जिससे आपका मुँह खराब हो गया और आप तुरंत कोलगेट टूथपेस्ट करने रूम में गए पर वो कोलगेट जमा हुआ था। मुँह धो के रूम से बहार निकले तो देखा सामने ताज़महल था। बस फिर आप घर आ गए। अब ये सारे अजूबे इस काल्पनिक यात्रा से आपके दिमाग में एक वास्तविक अनुभव की तरह स्थित हो गए है। यक़ीन नहीं होता तो अपने आप से पूछो की सात अजूबे की यात्रा में सबसे पहले कहाँ गए थे? दिमाग दिखा देगा, ब्राजील जहाँ क्राइस्ट द रिडीमर देखे थे। उनके पीछे क्या था? याद आ जाएगा कि चीन की दीवार थी। और दीवार के दूसरे छोर पे अपने आप मैंच पिच यानि माचू पीचु दिखने लगेगा। और इस प्रकार सारे याद आ जाएंगे।

*

अध्याय - 10

ए टू जेड मेमोरी

आज हम बात करेंगे हमारी मेमोरी को शक्तिशाली बनाने के लिए क्या ज़रूरी है। पक्की मेमोरी वो होती है जिसमें कोई ना कोई विशेषता होती है। जिस प्रकार दो चीज़ो को आपस में जोड़ने के लिए चिपकाने वाले पदार्थ यानी एडहेसिव का प्रयोग करने से वो एक दूसरे से मजबूती से जुड़ जाती है, ईंट पत्थरों को आपस मे जोड़ने के लिए सीमेंट का प्रयोग किया जाता है तो वो भी मजबूती से जुड़ जाती है उसी प्रकार याद करते समय कुछ विशेषताओं को सूचनाओं में डाल देने से वो सूचनाएँ स्ट्राँग और स्थाई मेमोरी बन सकती हैं।

जो भी याद करना है उनमें निम्नलिखित विशेषताएँ जोड़ दी जाए तो वो मेमोरी स्ट्राँग और स्थाई बन सकती है।

ए- एक्शन, दिमाग़ एक्शन यानी क्रियाशील सूचनाओं को जल्दी और पक्का याद करता है।

बी- बिग, जो सूचनाएँ आकार या प्रभाव में बड़ी होती हैं दिमाग़ उन्हें अच्छे से याद करता है।

सी- कलरफुल, जो चीज़े और सूचनाएँ रंगीन होती हैं वो ज़्यादा मजबूती से याद होती हैं।

डी- डाइमेंशनल, जिन सूचनाओं को दिमाग़ त्रिआयामि - डाइमेंशनल रूप में देख पाता है उन्हें जल्दी याद करता है।

ई- इमोशनल, जो सूचनाएँ जिनका भावनात्मक असर दिमाग़ पे पड़ता है वो स्थाई रूप से याद होती हैं।

एफ- फीलिंग, जिन सूचनाओं को फीलिंग यानी अनुभव किया जा सकता है दिमाग़ उन्हें ज़्यादा पक्का याद करता है ।

जी- गेम (खेल), खेल के रूप में प्राप्त सूचनाएँ ज़्यादा आसानी से जल्दी याद होती हैं।

एच- हैप्पी, यदि खुश हो के याद किया जाए तो ज़्यादा अच्छा याद होता है।

आई- इंटरेस्ट, जो सूचनाएँ आपके इंटरेस्ट यानी रूचि से जुड़ी होती हैं उसे दिमाग़ आसानी से याद करता है।

जे- जोक (चुटकले-हास्य), जो सूचनाए जोक (हास्य-चुटकले) की तरह हँसाती हैं या हास्यास्पद होती हैं दिमाग़ उन्हे जल्दी याद करता है।

के- नॉलेज, जिस विषय की पूरी जानकारी होती है उन्हे याद करना आसान होता है।

एल- लॉजिकल, लॉजिकल सूचनाएँ ज़्यादा स्थाई रूप से याद होती हैं।

एम- नेमोनिक (नेमोनिक की स्पेलिंग एम से शुरू होती है और एम् साइलेंट रहता है।) विज्ञान से कैसी भी सूचना को मजबूत और पक्का किया जा सकता है।

एन- न्यूरोबिक्स जिस प्रकार एरोबिक्स शरीर की एक्सरसाइज़ है उसी प्रकार न्यूरोबिक्स दिमाग़ की एक्सरसाइज़ है जिसमें कल्पना शक्ति का प्रयोग दिमाग़ को तंदुरुस्त और शक्तिशाली बनाने में किया जाता है।

ओ- ऑब्जरवेशन, अच्छा ऑब्जरवेशन सूचनाओं को पक्का करता है।

पी- पिक्चर, जो सूचनाएँ चित्र यानी पिक्चर के रूप में होती है वो फास्ट और स्ट्राँग याद होती है।

क्यू क्वेश्चन, सवाल दिमाग़ को क्रियाशील रखते हैं और उनके जवाब सूचना को स्मृति में बदलने में मदद करते हैं।

आर- रिडिक्युलस अजीब सोच और अनोखापन सूचना को जल्दी याद कराता है।

एस- स्लीप, 8 घंटे की नींद अच्छी याददाश्त के लिए ज़रूरी है।

टी- ट्यूनिंग, एक धुन के रूप मे दिमाग़ जल्दी याद करता है।

यू- यूस्ड टू, जो नियमित रूप से यूस्ड होती है वो सूचनाएँ याद रहती है।

वी- विज़ुवलाइज़शन, जो दिमाग़ में विज़ुवल रूप मे दिखाई देती हैं वो स्थाई मेमोरी बन सकती हैं।

डब्ल्यू- वाटर, खूब पानी पीने से याददाश्त बढ़ती है।

एक्स- जीरोक्स,यानी मिलते-जुलते शब्दों को दिमाग़ याद आसानी से करता है।

वाई- येस,पूरी सकारात्मकता से जब भी याद करना हो, अपने आप को येस कहना जल्दी याद कराता है।

जेड- ज़ील, जोश-ज़ील के साथ किसी कार्य को करने पर उसकी सूचनाएँ पक्का याद होती हैं।

इन विशेषताओं का प्रयोग करते हुए याद करने से सूचनाएँ स्थाई स्मृतियों में बदल जाती हैं।

*

अध्याय - 11

कल्पनाशील साहचर्य
(Imaginative Association)

आपके पास दुनिया का सबसे अच्छा कम्प्यूटर हो और उसकी हार्ड डिस्क खाली हो, उसमें कोई डाटा ना हो, कोई सॉफ़्टवेर ना हो तो वो कम्प्यूटर आपके किसी भी काम का नहीं है। उसे उपयोगी बनाने के लिए उसमें डाटा यानी मेमोरीज़ डालनी पड़ेगी इसी तरह से आपके दिमाग़ में हर बात, हर ज्ञान, हर चीज़ स्मृति के रूप में ही रहती है। यानी दिमाग़ मेमोरीज़ का घर है। अब घर में चीज़े ग़लत या बेतरतीब ढंग से रहेंगी तो वो चीज़े समय पर मिलेगी नहीं जबकि सही ढंग से सही स्थानों पर रखी हो तो समय पर मिल जाएगी। जैसे घर में समय पर कोई चीज़ ना मिले तो उसे खोना समझ बैठते हैं। दरअसल वो चीज़ घर में ही है, किसी ऐसी जगह रखी हुई जो आपको याद नहीं आ रही, यानी मिस्प्लेसड हो गयी है। मिस्प्लेसिंग की समस्या को दूर करने के लिए घर में हर चीज़ को रखने की सही जगह बनानी पड़ती है, सही जगह पे रखने पर चीज़े नहीं खोती। इसी प्रकार, दिमाग़ रूपी घर में स्मृतियों को सही जगह पर रखने के लिए कल्पनाशील रचनात्मक साहचर्य का प्रयोग किया जा सकता है।

कल्पनाशील रचनात्मक साहचर्य-Imaginative creative Association

साहचर्य यानी संबंध, दो चीज़ो को आपस में जोड़ने वाला बंधन। जो दो चीज़े आपस में जुड़ी होती हैं, उनमें से एक चीज़ का ही आपको ध्यान रखना होता है, जब तक की वो आपस में जुड़ी हैं, जबकि यही अगर वो चीज़ें अलग-अलग हो तो आपको दोनों का ध्यान रखना होगा। एक चीज़ के सामने आने पर दूसरी भी अपने आप आ जाएगी यदि उसके मध्य साहचर्य होगा। दिमाग़ में रचनात्मक कल्पनाशीलता साहचर्य को आधार देती है। चलिए एक विश्व भूगोल का उदाहरण लेके देखते हैं, विश्व में कुछ देश कुछ खनिजों और धातुओं के स्रोत के रूप में जाने जाते हैं, जैसे, तांबा सबसे ज़्यादा चिली में पाया जाता है, बोक्साइट ऑस्ट्रेलिया में सबसे ज़्यादा उत्पन्न होता है, हीरे का सर्वाधिक उत्पादन

रशिया करता है, आइरन ओर के लिए चीन जाना जाता है। प्लेटिनम और मैंगनीज़ के लिए साउथ अफ्रीका मुख्य उत्पादक माना जाता है। अब इसे स्थाई स्मृति बनाने के लिए रटने और बार-बार दोहराने की बजाय कल्पनाशील साहचर्य का उपयोग किया जा सकता है। जैसे तांबा और चिली का आपस में संबंध है, और हमें इसे याद रखना है, तो हम तांबा और चिली दोनो शब्दों को कल्पना में एक मूर्त दृश्य के रूप में देख कर आपस में जोड़ लेंगे, कल्पना कीजिए तांबे के तारो को आपने चिली (मिर्च) पर लपेट दिया है। बोक्साइट - ऑस्ट्रेलिया, अब दोनो शब्दों के काल्पनिक प्रतीक बना सकते है, बोक्साइट का बॉक्सिंग ग्लब (दस्ताना) और ऑस्ट्रेलिया का कंगारू, अब कल्पना कीजिए, एक कंगारू ने बॉक्सिंग ग्लब पहने हुए हैं और रिंग में बॉक्सिंग कर रहा है। हीरा - रशिया, हीरा तो वैसे ही दिमाग़ में एक स्पष्ट चित्र है, और रशिया के लिए चित्र ले सकते है, रस्सियाँ, इमेजिन करे की आपके हाथ में एक रस्सी है जिस पर हीरे जड़े है। आइरन ओर के लिए चीन याद करना है, तो आइरन से लोहा दिमाग़ में दिख सकता है और चीन के लिए चीनी (शक्कर) की कल्पना कर सकते है, इमेजिन करें कि आपके घर में चीनी एक बड़े से लोहे के डब्बे में रखी है। प्लेटिनम और मैंगनीज़ के लिए काल्पनिक प्रतीक बना सकते है, प्लेट और मेग्ज़ीन, और याद रखना है की साउथ अफ्रीका में ये पाए जाते है, तो कल्पना कीजिए की आपके घर पे साउथ अफ्रीका से मेहमान आए हैं और आपने उन्हें प्लेट खाने के लिए और मैंगज़ीन पढ़ने के लिए दी है। इस प्रकार इस रचनात्मक कल्पनाशील साहचर्य से ये सूचनाएँ आपस में जुड़ जाती है और याद रहती हैं।

*

अध्याय - 12

आर.आर.आर. सिद्धांत (RRR) रिसीविंग, रीटेंशन और री-कलेक्शन

सब चाहते हैं की वो जो याद करना चाहें उन्हें जल्दी से याद हो जाए और कभी ना भूलें। और जब कोई चीज़ बार-बार याद करने पर भी समय पर याद नहीं आती तो बड़ा गुस्सा आता है। मुझसे भी छात्र-छात्राएँ अक्सर पूछते हैं, कि क्या करें कि जल्दी से याद हो जाए जबकि सच बात तो ये है कि ये ज़रूरी ये नहीं है कि जल्दी याद कैसे हो बल्कि ज़रूरी तो ये है कि कैसे याद करें कि जल्दी याद आ जाए परीक्षा में। स्थायी स्मृति की पहचान उसका जल्दी याद होना नहीं बल्कि जल्दी याद आना है। कई बार एक सूचना से अनेक सूचनाएँ जुड़ी होती है, और इसीलिए दुविधा की स्थिति बन जाती है। जैसे गेहूँ भारत में उत्तर-प्रदेश में पैदा होता है, लेकिन उसका उत्पादन पंजाब में भी होता है। और हरियाणा भी गेहूँ के उत्पादन के लिए जाना जाता है। इसी प्रकार गन्ना उत्तर प्रदेश में भी होता है और महाराष्ट्र भी गन्ना पैदा करता है। इस प्रकार एक सूचना के कई साहचर्य हो जाते हैं तो वो दुविधा में डाल देती हैं, आइए जानें कि कैसे इस प्रकार की सूचनाओं को स्थायी स्मृति बनाया जाता है।

आर आर आर सिद्धांत - रिसीविंग, री-टेंशन और री-कलेक्शन

सूचनाओं के आपसी साहचर्य को स्मृति कहते हैं। और स्मृतियों का आपसी साहचर्य स्थाई स्मृति बनाता है। स्मृति दो प्रकार की होती हैं, अस्थायी और स्थायी। जो हमेशा याद रहती है और सोचते ही तुरंत याद आ जाती है, वो स्थायी स्मृति होती है। सूचनाएँ तो हमें हर समय किसी ना किसी रूप में प्राप्त होती रहती हैं, किंतु उनमें से अधिकांश अस्थायी स्मृति बनती है और कुछ ही स्थायी स्मृतियाँ बनती है। किसी स्मृति को स्थायी करने के लिए आर.आर.आर. (RRR) सिद्धांत को समझना होगा। ये दिमाग़ के सूचना से स्मृति बनने और उसके उपयोग के चरण है। पहले आर का अर्थ है रिसीविंग (Receiving) यानी सूचना प्राप्ति, दूसरे आर का अर्थ है री-टेंशन (Retention) यानी सूचना स्थापन और

तीसरे आर का अर्थ है, री-कलेक्शन (Recollection) यानी सूचना की पुनर्प्राप्ति। इसे हम क्रमश: याद करना, याद रखना और याद आना भी कहते हैं। इनमें सबसे महत्वपूर्ण है याद आना, री-कलेक्शन। लेकिन याद आने का आधार है याद रखना, यानी री-टेंशन। तो हमारा सबसे ज़्यादा ध्यान होना चाहिए सूचना स्थापन यानी री-टेंशन पर। जिस तरह से घर में कई बार चीज़ें समय पर नहीं मिलती हैं जबकि वो घर में लाई गयी थी, किंतु उन्हें सही जगह पर रखा नहीं गया इसलिए वो सही समय पर मिली नहीं। तो समय पर मिलना निर्भर करता है सही जगह रखने पर। यदि आपको अलमारी में नये कपड़े रखने हैं और वहाँ पहले से ही पुराने कपड़े पड़े हो तो आप क्या करेंगे? पहले पुराने कपड़ो को वहाँ से हटाएँगे तभी नये रख पाएँगे। आज के जमाने में अधिकांश लोग दिमाग़ में टेंशन रखते हैं इसलिए ज़रूरी स्मृतियाँ स्थायी नहीं बन पाती। क्योंकि दिमाग़ में टेंशन नहीं री-टेंशन होना चाहिए। री-टेंशन को सही तरह से उपयोग करने के लिए कल्पनाशीलता और साहचर्य का प्रयोग करना चाहिए, जैसे यदि गन्ना यूपी में और महाराष्ट्र दोनों राज्यों में पैदा होता है इसे याद करने के लिए दोनों राज्यों के प्रतीक के रूप में कोई काल्पनिक चित्र बना कर उसे गन्ने के साथ जोड़ देंगे। जैसे यूपी का काल्पनिक चित्र हो सकता है ताजमहल और महाराष्ट्र का हो सकता सिनेमा (बॉलीवुड) अब आप कल्पना कर सकते है की आप सिनेमा में गन्ने का रस पीते-पीते ताजमहल फिल्म देख रहे हैं। इसी तरह गेहूँ के उत्पादक राज्य याद रखने के लिए कल्पना कीजिए की ताजमहल (यूपी) पर बड़ी हरियाली (हरियाणा) है जहाँ बहुत सारे लोग गेहूँ की फसल काट कर खुश हो के भांगड़ा (पंजाब) कर रहे हैं। बस अब आपने इन कल्पना चित्रों के माध्यम से दिमाग़ में सूचनाओं को रखने कि सही जगह दी है, और इन्हें आपस में साहचर्य यानी जोड़ दिया है इसलिए अब इन सूचनाओं में से कोई भी सूचना आपसे पूछी जाए तो बाकी बातें अपने आप याद आ जाएँगी। क्योंकि री-कलेक्शन का आधार है, री- टेंशन।

*

अध्याय - 13

कल्पनाशील शब्द संक्षेप विधि

क्या आपने कभी गौर किया है, याद करने की तारीफ नहीं होती याद आने की होती है, यानी कोई इस बात को महत्व नहीं देता की कितना वक्त लगा था याद करने में, बल्कि महत्व इस बात को दिया जाता है कि कितना वक्त लग रहा है याद आने में। परीक्षा में भी याद करने के मार्क्स नहीं मिलते, याद आने के मिलते हैं। याद करना इनपुट है और याद आना आउटपुट। और दुनिया आउटपुट को ही महत्व देती है। लेकिन ये बात सच है की याद आने का आधार याद करना ही है, जितना अच्छी तरह याद करेंगे उतना ही सही याद आएगा यानी सटीक आउटपुट सही इनपुट पर निर्भर करता है। कई बार हमें शब्द संक्षेप **(एब्रीविएशन)** याद करने होते है और कंफ्यूज़न होता है की अक्षरों का तात्पर्य क्या था? यदि शब्द संक्षेप में अक्षरों को इमेजिनेशन द्वारा कोई काल्पनिक अर्थ देकर याद किया जाए तो बिना ज़्यादा दोहराए और कंफ्यूज़न के याद किया जा सकता है।

कल्पनाशील शब्द संक्षेप विधि

शब्द संक्षेप में किसी बड़े नाम या एक से अधिक शब्दों वाले नाम को शब्दों के पहले अक्षरों को आपस में जोड़कर कोई संक्षिप्त शब्द बना लिया जाता है और उसे एक प्रतीकात्मक नाम के रूप में याद रखा जाता है। जैसे **एस.ए.आई.** का विस्तृत रूप है **स्पोर्ट्स अथॉरिटी ऑफ़ इंडिया**, **डी.आई.ए.** का फुल फॉर्म **डिफेन्स इंटेलिजेंस एजेंसी** और इसे सामान्यतः **डी.आई.ए.** के नाम से जाना जाता है। **पी.ओ.टी.ए.** का पूरा नाम है- **प्रिवेंशन ऑफ़ टेररिज़्म एक्ट**। इस प्रकार की सूचनाओं को बार-बार दोहराके याद करने की बजाय **कल्पनाशील शब्द संक्षेप विधि** से याद किया जा सकता है। इसमें हम जो संक्षिप्त रूप होता है उसमें किसी इमेज की कल्पना करेंगे और उसके फुल फॉर्म की मुख्य बात से जोड़ देंगे। चलिए करके देखते है। **एस.ए.आई** का पूरा नाम है **स्पोर्ट्स अथॉरिटी ऑफ़ इंडिया** यहाँ हम **एस.ए.आई.** का काल्पनिक रूप बना सकते हैं **साईं बाबा** का मंदिर, अब जो इसके पूरे नाम की मुख्य बात है वो है **स्पोर्ट्ज़ यानी खेल**, यहाँ हम कल्पना करें की हम लोग **साईं बाबा** मंदिर में स्पोर्ट्ज़ में प्रथम आने की प्रार्थना

कर रहे हैं। **डी.आई.ए** का पूरा नाम है **डिफेन्स इंटेलिजेंस एजेंसी**। **डी.आई.ए.** से एक काल्पनिक रूप बन सकता है **दिया** यानी **दीपक**। अब कल्पना करें कि डिफेन्स के लोगो के हाथ में दिया है।

पी.ओ.टी.ए. का पूरा नाम है **प्रिवेंशन ऑफ़ टेररिज़्म एक्ट**। **पी.ओ.टी.ए.** से काल्पनिक चित्र बना सकते है **पॉट** यानी बर्तन, अब हम कल्पना कर सकते है की टेररिस्ट के हाथो में हथियार की जगह बर्तन - **पॉट** है। **डब्लू.सी.ए.आर.** का फुल फॉर्म है **वर्ल्ड कॉन्फ्रेंस अगेंस्ट रेसिज़्म** (नस्लभेद)। यहाँ हम **डब्लू.सी.ए.आर.** को काल्पनिक चित्र दे सकते है "वो कार", कल्पना कर सकते है की हम सब एक 'कार' में बैठ कर रेसिज़्म (नस्लभेद) को मिटाने के लिए कॉन्फ्रेंस में जा रहे हैं। इस प्रकार ये शब्द दो चित्रों में बदल जाते हैं और उन्हें आपस में जोड़ लेने पर एक दृश्य के रूप में याद रहते हैं।

*

अध्याय - 14

नाम, चेहरा, व्यक्तित्व साहचर्य

क्या आपने कभी ध्यान दिया है कि जब किसी से आप पूछते हों कि आपका नाम क्या है? और वो आपको नाम बताते हैं। पूरी वार्तालाप ख़त्म होने के बाद आपको याद नहीं रहता कि उनका नाम क्या था। और दुबारा पूछना पड़ता है कि आपने क्या नाम बताया था। कई बार किसी का मोबाइल नंबर उसके नाम के साथ सेव करते हैं किन्तु जरूरत पड़ने पर वो नंबर इसलिए नहीं मिल पाता क्योंकि नाम ही याद नहीं आता जिससे नंबर सेव किया था। कई बार हम पूछते रहते हैं कि अरे वो अभी शादी में मिले थे, उनका क्या नाम था और नाम याद नहीं आ पाता। फलां ऑफिस के अधिकारी का नाम, याद नहीं आ रहा। प्लम्बर, इलेक्ट्रीशियन, बैंकर, अध्यापक या कोई भी जिनसे कोई काम पड़ता रहता है, कई बार समय पर उनका नाम याद नहीं आ पाता है। जबकि अच्छे व्यक्तित्व कि पहचान है कि आपको नाम याद रहने चाहिए। जब किसी से मिलते हैं और उन्हें उनके नाम से संबोधित करते है तो आपका अच्छा प्रभाव पड़ता है। आइये जानते है कि आमतौर पर नाम क्यों याद नहीं रहते और क्या करें कि नाम याद रहें।

नाम, चेहरा, व्यक्तित्व साहचर्य

जब हम किसी से पहली बार मिलते है तो सामान्य व्यवहार है कि हम उसका नाम जरूर पूछते हैं। और आजकल तो उसका नाम और नंबर भी मोबाइल में नोट करते हैं। तो फिर अक्सर नाम क्यों भूल जाते हैं? क्यों कई बार याद नहीं आता कि किनसे मिले थे? हम अक्सर कहते हैं कि आपका चेहरा तो देखा हुआ लग रहा है लेकिन नाम याद नहीं आ रहा। कभी ये नहीं सुना होगा कि आपका नाम तो याद आ गया है लेकिन चेहरा ध्यान नहीं आ रहा है। ऐसा कहना भी हास्यास्पद लग रहा है। यहाँ गौर करने वाली बात है कि आपको चेहरा तो जाना पहचाना लग रहा है यानी दिमाग चेहरे को तो याद कर पा रहा है पर नाम को नहीं। असल में चेहरा हमने देखा था और नाम सुना था। प्रायः हम दो तरह कि मेमोरी प्राप्त करते हैं, विज़ुअल यानी देख के और ऑडियो यानी सुन के। इनमें सबसे स्ट्रांग मेमोरी विज़ुअल मेमोरी यानी देख कर याद कि गयी मेमोरी होती है। और ऑडियो

यानी सुन के याद कि गयी मेमोरी उससे कमजोर होती है। चेहरा विजुअल मेमोरी है और नाम ऑडियो मेमोरी है। यदि ऑडियो मेमोरी को भी कोई विजुअल इमेज दे दी जाए और उसे चेहरे या व्यक्तित्व कि किसी विशेषता से जोड़ दें तो नाम याद रहने कि सम्भावना बहुत बढ़ जायेगी। अब ये कैसे होगा ये जानने से पहले कुछ और कॉमन गलतियों के बारे में जानते है। जब हमें कोई अपना नाम बताता है तो हम नाम सिर्फ औपचारिकता के रूप में सुन लेते है, यानी हम नाम कान से सुनते है ध्यान से नहीं। और इसी वजह से बार-बार आखिरी तक हम नाम पूछते ही रहते हैं। पहले तो अबसे ये कीजियेगा कि जब भी किसी से नाम पूछे या कोई नाम बताये तब नाम सुनते ही उसका फिर से नाम लेकर संबोधन करे, जैसे कोई कहे मेरा नाम रजनीश है तो तुरंत नाम लेते हुए कहें, हैलो रजनीश। और पूरी वार्तालाप में कम से कम छह से सात बार उनका नाम लेते रहें। और अंत में आप आगे हो के उनका नाम लेकर वार्तालाप पूरा करें जैसे, रजनीश जी आपका मोबाइल नंबर क्या है? इस प्रकार आपके दिमाग को ये नाम एक महत्वपूर्ण सूचना लगेगी और दिमाग उसे ज्यादा अच्छी तरह संरक्षित करता है। एक और तरीका है नाम, चेहरा, व्यक्तित्व साहचर्य। इसमें आप नाम में कोई इमेज बनाये और उसे व्यक्ति के चेहरे, कार्य या व्यक्तित्व कि कोई खास या अलग बात से जोड़ दें। जैसे किसी का नाम है राजकुमार और उसके चेहरे पर बड़ी सी दाढ़ी है, अब कल्पना करें कि राजकुमार से अपने दिमाग में फिल्म कलाकार राजकुमार जी का चित्र आ गया और कल्पना की कि राजकुमार इस व्यक्ति कि बड़ी-सी दाढ़ी को पकड़ के खड़े हैं। अब जब भी वो व्यक्ति आपके सामने आएगा और आप उसकी विशेषता यानी दाढ़ी पे ध्यान देंगे तो याद आ जायेगा कि दाढ़ी को राजकुमार जी ने पकड़ रखा था और इस अजीब हास्यास्पद काल्पनिक साहचर्य से आपको याद आ जायेगा कि इनका नाम ही राजकुमार है। अजीब है ना पर असरदार है, करके देखिये।

*

अध्याय - 15

तर्कपूर्ण स्मृति (लॉजिकल मेमोरी)

पढ़ाई का अगर वर्गीकरण करें तो मुख्यतः दो हिस्से होंगे। लॉजिक यानि तार्किक सिद्धांत और फैक्ट यानि तथ्य। लॉजिक वो होता है जिसमें कोई सिद्धांत आधारित विषयवस्तु होती है। और उस आधारभूत सिद्धांत को पहले समझना जरूरी होता है। जबकि फैक्ट या तथ्य में विषयवस्तु को सीधा याद करना होता है। लॉजिक में समझना महत्वपूर्ण होता है जबकि तथ्य में याद करना महत्वपूर्ण होता है। वास्तव में लॉजिक और फैक्ट में मुख्य अंतर ये है की लॉजिकल विषय वस्तु में दिमाग प्लेटफार्म मेमोरी बनाता है, प्लेटफार्म मेमोरी का तात्पर्य है कि दिमाग में सूचना को रखने की जगह, जैसे घर में कुछ चीज़ों को रखने कि लॉजिकल जगह होती है। कपड़े रखने को अलमारी, खाने-पीने की चीज़ें फ्रिज में, किताबें बुक रेक में, बर्तन किचन में रखे जाते हैं, ये सारे स्थान लॉजिकल प्लेटफॉर्म है इन चीज़ों को रखने का इसलिए हम ये चीज़े सम्बंधित स्थानों पर ही ढूंढते है। ऐसा ही पढ़ाई में लॉजिकल कंटेंट को पढ़ते वक्त होता है और दिमाग लॉजिकल कंटेंट कि प्लेटफॉर्म मेमोरी बना के उसी प्रकृति की सूचनाओं उस प्लेटफॉर्म मेमोरी से जोड़ देता है। जैसे गणित विषय में पहले विषय वस्तु को पूरी तरह समझना पड़ता है,यानि गणित समझ के पढ़ने वाला विषय है। और एक मूल सिद्धांत समझ आने पर आगे के प्रश्न उसके आधार पर हल किये जा सकते है। विज्ञान विषय में भी अधिकांश विषय वस्तु लॉजिकल होती है। जैसे चीज़े नीचे क्यों गिरती हैं, इसका कारण है गुरुत्वाकर्षण, ये नियम एक बार समझ में आने के बाद हर चीज पर लागू होगा और बार-बार पढ़ने की जरूरत नहीं होगी। एक उदाहरण से समझते है, हम गणित में दो और दो को जोड़ के चार होगा ये समझ में आने के बाद दो और तीन को जोड़ना भी सीख लेते है, हर संख्या को अलग-अलग याद नहीं करना पड़ता क्योंकि उसका लॉजिक हम सीख गए हैं जो है जोड़ना। जबकि तथ्य में लॉजिकल आधार नहीं होगा, जैसे भारत की राजधानी दिल्ली है इस आधार पर ऑस्ट्रेलिया की राजधानी नहीं निकाली जा सकती, उसे भी याद ही करना पड़ेगा। एक और बात, लॉजिक और तथ्य में एक अंतर ये भी है कि लॉजिक को समझने में ज्यादा समय लगता है और एक बार समझ में आने के बाद याद करने में काम समय लगता है। जबकि तथ्य को समझने

में कम समय लगता है और याद करने में ज्यादा समय लगता है। लॉजिक और तथ्य का पता कैसे चले कि कौन-सी विषय लॉजिकल है और कौनसी फैक्चुअल। जो प्रश्न "कौन, कहाँ, कब और क्या" से बने होते है उनका जवाब तथ्यात्मक यानि फैक्चुअल होता है जबकि "क्यों और कैसे" वाले प्रश्न के उत्तर लॉजिकल होते है। लॉजिक की खासियत है की एक बार मुख्य तर्क समझ में आने में आने के बाद वैसे ही दूसरे प्रश्न के उत्तर निकाले जा सकते हैं।

लॉजिकल मेमोरी

लॉजिकल मेमोरी में एक उदाहरण पूरा समझ में आने के बाद वो आधार बन जाता है फिर दूसरे उदाहरण उस मुख्य तर्क के आधार पर हल किये जा सकते है। एक उदहारण से समझते हैं। अगर पूछा जाए कि पच्चीस को पच्चीस से गुणा करने पर क्या उत्तर होगा ? तो जवाब होगा कि छह सौ पच्चीस। कैसे ? बचपन से गुणा करना सीख हुआ है, पच्चीस को पच्चीस से पारंपरिक तरीके गुणा करके उत्तर निकाला। पच्चीस के नीचे पच्चीस लिखा, पांच तो पांच से गुणा किया, पांच को दो से गुणा किया, फिर उसके नीचे दो को पांच से गुणा किया फिर दो को दो से गुणा किया। फिर दोनों को जोड़ा और छह सौ पच्चीस उत्तर आ गया। ये है पारंपरिक तरीका। लेकिन क्या इस आधार पर दूसरे गुणा जैसे पैंतीस गुणा पैंतीस या पैतालीस गुणा पैंतालीस का भी उतर निकाल सकते हो। पारंपरिक तरीकों से अलग। आज में आपको एक और तरीका सिखाता हूँ जिससे न सिर्फ आप ऐसे प्रश्न ना सिर्फ जल्दी से हल कर पाएंगे बल्कि उससे बनीं प्लेटफॉर्म मेमोरी से इसी प्रकार के दूसरे प्रश्न का भी गुणा तेजी से कर पाओगे। दिमाग में पच्चीस को देखो, उसके नीचे पच्चीस लिखो, अब दो और दो को अलग करदो और पांच और पांच को अलग करलो। पांच को पांच से गुणा करके रख लो जो कि सदैव पच्चीस होगा। अब दो और दो बचे, इनमें एक संख्या को एक जोड़ के बढ़ा दो। यानि दो में एक जोड़ा तो तीन हो गया। अब संख्या बन गयी तीन और दो। इन्हें गुणा करे तो आया छह। छह के साथ पच्चीस लिखें बन गया छह सौ पच्चीस। है न एक अलग लॉजिकल तरीका। इस आधार पर पैंतीस गुणा पैतीस करें, तीन और तीन एक तरफ, और पांच और पांच एक तरफ, अब पांच गुणा पांच यानि पच्चीस एक तरफ रख लिया। बचे तीन और तीन। एक तीन में एक जोड़ कर चार बना लिया। बन गए चार और तीन, बस अब इन्हें गुणा किया यानि चार गुणा तीन और आया बारह। इस बारह को पच्चीस के आगे लिखा तो बन गया बारह सौ पचीस। आ गया उत्तर। ऐसे ही वो सभी सामान संख्याएं जिनके अंत में पांच हो उनका गुणा करके वर्ग निकाला जा सकता है। सीखने वाली बात ये है कि एक बार लॉजिकल आधार सीखने पर उसी प्रकार के प्रश्न हल किये जा सकते है।

*

अध्याय - 16

स्मृतिकरण - शिक्षा का चौथा आयाम

पढ़ाई की गाड़ा के चार पहिये होते है- पढ़ना, लिखना, समझना और याद करना। इनमें से हम पढ़ना, लिखना और समझना अच्छे से सीख लेते हैं लेकिन याद करना अच्छे से नहीं सीखते इसीलिए हम पढ़ना, लिखना और समझना कभी नहीं भूलते जबकि याद किया हुआ कई हिस्सा हम अक्सर भूल जाते हैं। इसीलिए याद रखने के लिए हमें बार-बार दोहराना पड़ता है। और पढ़ाई में सबसे ज्यादा वक्त इसी में लगता है। क्योंकि दोहरा के या रट्टा मार के याद करना याद करने का पुराना तरीका है। याद करने के कई तरीके हैं जिनमें निमोनिक्स एक असरदार तरीका है। बुनियादी बात ये है दिमाग चार तरीके से सूचनाएं पंजीकृत करता है। जिनसे सूचनाएं स्मृति में बदलती हैं। इसे स्मृतिकरण कहते हैं।

स्मृतिकरण

दिमाग चार तरह से सूचनाओं को पंजीकृत करके उनका स्मृतिकरण करता है।

भावनात्मक सम्बन्ध - जिन बातों से हमारा भावनात्मक सम्बन्ध होता है तो हमारा दिमाग याद रखता है जैसे हमें सबके फ़ोन नंबर याद नहीं रहते लेकिन अपने परम मित्र या जीवन साथी या माता-पिता आदि के नंबर याद रहते है। क्योंकि इनसे हमारा गहरा भावनात्मक सम्बन्ध होता है इसीलिए दिमाग इन सूचनाओं का स्मृतिकरण कर देता है। और इसीलिए हम प्रायः इन्हें नहीं भूल पाते हैं।

तर्कपूर्ण सूचनाएँ - जिन सूचनाओं में तर्क होता है और कारण होता है, आधार होता है या सिद्धान्त होता है वो मस्तिष्क सीख लेता है इसीलिए वो याद रहती हैं, एक बार तार्किक रूप से सीख लेने के बाद उन्हें बार-बार दोहराना नहीं पड़ता। जैसे- गणित, गणित को पहले तार्किक रूप से समझना पड़ता है, और पूर्ण रूप से समझ में आने के बाद उसे बार-बार रटना या दोहराना नहीं पड़ता। जोड़ना, घटाना हमने बचपन में पहली दूसरी कक्षा में सीखा था बताइये आपको आज तक आता है ना, जबकि अब हम उनके रिवीजन नहीं करते हैं ना ही दोहराते हैं।

पुनरावृति या दोहराना - ये सबसे पारंपरिक तरीका है। इसमें किसी सूचना को याद रखने के लिए बार-बार दोहराया जाता है, और दिमाग एक खास आवृति के रूप में उसे पंजीकृत करता है और स्मृति बनाता है, लेकिन ये सबसे कमजोर भी है क्योंकि याद होने पर भी कुछ समय बाद दोहराई हुई सूचनाओं को दिमाग फिर भूल जाता है और पक्का याद रहना बार-बार दोहराने पर ही निर्भर करता है। दोहरा के याद करने में सबसे अधिक समय लगता है और दोहराना बंद करने पर भूलना शुरू हो जाते है। इसीलिए बचपन की सारी कक्षाओं की पूरी पढ़ाई हमें याद नहीं रह पाती चाहे उनमें कितने भी अच्छे अंक आये हो।

दृश्यात्मक सूचनाएं - ये शक्तिशाली सूचनाएं होती है और हमारी सबसे प्रधान स्मृति भी होती है। दिमाग देखकर सबसे जल्दी याद करता है और सबसे ज्यादा समय तक याद रखता है। जैसे फ़िल्में अक्सर देखते-देखते याद होती जाती हैं क्योंकि वो देखी जाती हैं। और एक बार फिल्म देख के आने पर भी उसकी कहानी और दृश्य हमें याद रहते हैं।

इन चारों का उपयोग करके दिमाग सूचनाओं का स्मृतिकरण करता है। और इनका सामंजस्य निमोनिक्स में प्रयोग किया जाता है।

*

अध्याय - 17

लाइफ प्रिन्सिपल

हमारे दिमाग़ का सबसे महत्वपूर्ण काम है सूचनाओं को सही तरीके से रखना और ज़रूरत पड़ने पर पुनः प्राप्त करना। जिसे हम री-कलेक्शन कहते हैं। इन्फ़ॉर्मेशन को प्राप्त करना कहलाता है याद करना यानी मेमोराइज़ेशन, दिमाग़ में रखना कहलाता है रिटेंशन और पुनः प्राप्त करना यानी याद आना कहलाता है री-कलेक्शन। याद तो हम सब कुछ करते हैं, लेकिन सब कुछ याद आता नहीं है। क्योंकि याद आना निर्भर करता है कि दिमाग़ में सूचना कहाँ और किस तरह से रखी गयी है। सूचना को अच्छी तरह से सही जगह पर रखने के लिए हमें एसोसिएशन की ज़रूरत पड़ती है। आज हम जानेंगे कि अच्छे रिटेंशन के लिए क्या किया जाए।

लाइफ प्रिन्सिपल – L.I.F.E. PRINCIPAL

किसी भी सूचना को रखने के लिए दिमाग़ को प्लेटफॉर्म की ज़रूरत पड़ती है। प्लेटफॉर्म का अर्थ है रखने की जगह। घर में चीज़ें वो खोती हैं जिन्हें रखने की जगह नहीं होती। जिन चीज़ो को रखने का प्लेटफॉर्म यानी रखने की जगह होती है वो नहीं खोती। एक अच्छा और मजबूत प्लेटफॉर्म बनाने के लिए हम LIFE प्रिन्सिपल को इस्तेमाल कर सकते हैं। लाइफ का पहला अक्षर है 'L'- यहाँ L का तात्पर्य है लिंक (LINK), सूचनाओं को आपस में जोड़ना या लिंक करना, सूचनाओं के लिए मज़बूत प्लेटफॉर्म का काम करता है, जैसे चाबियाँ खो ना जाएँ इसके लिए हम उन्हें की-चैन से आपस में जोड़ देते हैं और घर में समय पर मिल जाए, इसके लिए दीवार पर एक बड़ी हुक्स वाली चाबी पर लटका देते हैं, ये भी लिंकिंग का अच्छा उदाहरण है। दिमाग़ में भी सूचनाओं को आपस में जोड़ के याद करना चाहिए। 'I' का अर्थ है इमेजिनेशन (IMAGINATION) यानी कल्पनाशीलता, कल्पना में इन्फ़ॉर्मेशन को देखना बहुत अच्छे से उसे याद करवाता है और एक पक्का प्लेटफॉर्म बनाता है। एक बार कल्पना करना बीस बार दोहराने के बराबर होता है। जो भी पढ़ रहे हो या याद कर रहे हो उसे दिमाग़ में IMAGINE भी करना चाहिए, अच्छा याद करने के लिए कारगर है। F का अर्थ है FAITH, किसी भी काम को करने से पहले खुद

पर और अपने दिमाग़ पर FAITH यानी विश्वास बहुत ज़रूरी होता है, पूरे आत्मविश्वास के साथ अगर हम याद करें और ये मान लें कि दिमाग़ के लिए याद करना एक आसान काम है, और मैं कभी नहीं भूल सकता तो दिमाग़ प्लेटफॉर्म बनाता है और याद रखता है। 'E' का मतलब EMOTIONS, दिमाग़ पर उस सूचना का असर ज़्यादा पड़ता है जिससे इमोशनल बदलाव आते हैं, फिल्म देखते वक्त फिल्म की कहानी और किरदार हमारे इमोशंस से जुड़ जाते है इसलिए वो अपने आप ही याद हो जाती है। हम चाह कर भी उन बातों को नहीं भूल पाते जिनका हमारे दिमाग़ पर भावनात्मक रूप से गहरा असर पड़ा हो क्योंकि भावनात्मक बदलाव से दिमाग़ स्ट्राँग प्लेटफॉर्म बनाता है। इसलिए कुछ भी याद करते वक्त यदि हम इन्फ़र्मेशन को इमोशनली फील करे तो उसका प्लेटफॉर्म दिमाग़ में बन जाएगा और हमेशा याद रहेगा।

*

अध्याय - 18

प्रश्नाक्षर विधि
क्वेश्चन लेटर मेथड

इंसानी दिमाग़ एक घर की तरह होता है। जैसे घर में कमरे होते हैं। और कमरों में चीज़ें रखी जाती हैं। हर चीज़ एक खास स्थान पर रखी जाती है जिसका हम विशेष प्रकार से वर्गीकरण करके रखते हैं, जैसे बर्तन किचन में होंगे, कपड़े अलमारी में होंगे, बेड रूम में सोने की व्यवस्था होगी, डाइनिंग रूम में खाना खाया जाएगा, मेहमानों के लिए ड्राइंग रूम होगा, गैर ज़रूरी सामान के लिए स्टोर रूम होगा आदि। इसी प्रकार दिमाग़ भी काम करता है, दिमाग़ इन्फॉर्मेशन्स का घर होता है, और दिमाग़ भी इन्फॉर्मेशन्स को रखने के लिए इसी प्रकार लॉजिक का इस्तेमाल करता है। जो इन्फॉर्मेशन लॉजिक के अनुसार अपनी उपयुक्त जगह पर रखी जाती है वो कभी नहीं खोती, लेकिन जो दिमाग़ रूपी घर में किसी भी स्थान पर बिना लॉजिक का प्रयोग किए रख दी जाती है, वो अक्सर दिमाग़ में मिसप्लेस हो जाती है और याद नहीं आती, और इसे हम भूलना समझ बैठते हैं। वास्तव में हम भूलते कुछ भी नहीं हैं, बस सूचनाओं को मिस प्लेस कर देते हैं।

प्रश्नाक्षर विधि- क्वेश्चन लेटर मेथड

अक्सर हम क्रम बद्ध तरीके से याद किए हुए उत्तर में क्रम को याद रखने में ग़लती कर देते हैं। सूचनाएँ दिमाग़ में तो होती है लेकिन कन्फ्यूज़्ड कर देती है, कई बार याद करने पर भी हमेशा हमें क्रोनोलॉजी वाले उत्तर उलझन में डाल देते हैं, आइए इस प्रकार के प्रश्नो को याद करने का एक तरीका सीखते हैं, इसे कहते हैं, प्रश्नाक्षर विधि, जैसा की नाम से पता चलता है की प्रश्न के अक्षरों को हम उत्तर को याद करने में इस्तेमाल कर सकते हैं। जेसा की मैंने ऊपर बताया था कि दिमाग़ रूपी घर में चीज़ों को रखने का लॉजिकल प्लेस बना दिया जाए तो वो निर्धारित स्थान पर स्थापित हो जाएगी। इस विधि में प्रश्न के मूल शब्द के अक्षरो को हम लॉजिकल प्लेटफॉर्म की तरह प्रयोग करेंगे। जैसे गुप्त GUPTA वंश के मुख्य राजाओं की क्रम सूची इस प्रकार है, सबसे पहले राजा है, श्री गुप्त उसके

बाद क्रमशः चंद्रगुप्त, समुद्रगुप्त, चंद्रगुप्त विक्रमादित्य, कुमारगुप्त और स्कंदगुप्त। अब इसे क्रोनोलॉजिकल ऑर्डर यानी इसी क्रम से याद रखना है, और वो भी हमेशा के लिए। इसके लिए आप प्रश्न के मूल शब्द के अक्षरो को देखिए, मूल शब्द- स्पेलिंग है **जी.यू.पी.टी.ए** (गुप्ता), हम इसके अक्षरो को एक काल्पनिक अर्थ देके उससे उत्तर को जोड़ सकते है,

जैसे पहला अक्षर है जी. और जी- फॉर गर्ल काल्पनिक अर्थ के रूप में, यू- फॉर अम्ब्रेला यानी छाता, पी- फॉर पेरट यानी तोता, टी- फॉर टाइगर यानी चीता, और ए- फॉर एप्पल यानी सेब। अब गुप्त वंश के क्रम को याद करते है, इस क्रम में गुप्त कॉमन है इसलिए इसे याद करने की ज़रूरत नहीं है। सिर्फ़ राजाओ के मुख्य नाम को याद करना है। पहला राजा है श्री गुप्त, इसे लॉजिकली इस तरह मान लेते है की ये संस्थापक राजा था इसलिए इनके नाम में सम्मान सूचक श्री लगा है इसलिए नाम है श्री गुप्त। इसके बाद है चंद्रगुप्त, कल्पना करें कि एक जी- गर्ल चाँद पर बैठी है। अगला राजा समुद्रगुप्त है, सोचिए की समुद्र के बीचोबीच बड़ा-सा यू- फॉर अम्ब्रेला यानी छाता लगा है। इसके बाद है, विक्रमादित्य, कल्पना करें कि राजा विक्रम की पीठ पर बेताल की जगह पी- फॉर पेरट यानी तोता बैठा है। अगला राजा था कुमार गुप्त, देखिए की एक कुम्हार (कुमार) है जो मिट्टी के बड़े-बड़े टी- फॉर टाइगर यानी चीता बना रहा है। आख़िरी है स्कंद गुप्त, स्कंद से बना दो स्कंध, यानी कंधा और अक्षर है ए- फॉर एप्पल यानी सेब, कल्पना करे आपके दोनो कंधो पे एप्पल यानी सेब रखे है। अब ज़रा सोचिए की गुप्त वंश के क्रम से राजा कौन थे, बस इसके लिए आपको प्रश्न के अक्षरों पर ध्यान देना है, जैसे पहला राजा तो हमने लॉज़िक से याद किया था की 'श्री' गुप्त। क्योंकि पहला राजा है, फिर कौन था तो बस सोचो की जी- गर्ल, गर्ल कहा बैठी थी, चाँद पे, और याद आ गया चंद्र गुप्त, उसके बाद ? यू- फॉर अम्ब्रेला - छाता, और याद आ जाएगा समुद्र गुप्त। है ना ये लॉज़िक ग़ज़ब का।

*

अध्याय - 19

निद्रा प्रबंधन और पुनराभ्यास योजना (स्लीप मैनेजमेंट और रिविजन प्लान)

परीक्षा के दिनों में अच्छे अंक लाने का और सिलेबस को कवर करने का दबाव रहता है। आपने सुना होगा कि परीक्षा के दिनों में पढ़ाई का टाइम बढ़ाने के लिए बच्चे सोने का टाइम घटा देते हैं। और रात-रात भर पढ़ते रहते है, याद करते रहते हैं। और पूरी रात रट्टा मार के पढ़ने के बावजूद परीक्षा में कोई न कोई ग़लती हो जाती है। देर रात तक पढ़ना और याद करना सच में दिमाग़ पर क्या असर डालता है, क्या आप जानते हैं? और क्या वाकई रात-रात भर जाग के पढ़ाई करना अच्छे रिज़ल्ट के लिए ज़रूरी है?

स्लीप मेनेजमेंट और रिविजन प्लान

परीक्षा के दिनों में तनाव बहुत रहता है साथ ही रात को जाग के पढ़ने की आदत अधिकांश बच्चों को पड़ गयी है। और इसके चलते उनका स्लीपिंग साइकल खराब हो गया है। याद रखिए जब आप सोते हैं, आपका दिमाग़ नहीं सोता है, बल्कि वो दिन भर में कलेक्ट की गयी इन्फर्मेशन्स को री-ओर्गनाइज़ करता है। यानी दिमाग़ में निर्धारित स्थानों पर संरक्षित करता है। यानी आपका स्लीपिंग टाइम दिमाग़ का री- ओर्गनाइज़िंग टाइम भी होता है। दिमाग़ बॉडी को सुला देता है ताकि कोई नई सूचना ना आए और पुरानी सूचनाओं को सही तरीके से जमाया जा सके और इसके लिए दिमाग़ को पूरे आठ घंटे चाहिए यानी आठ घंटे की नींद हमारे लिए बहुत ज़रूरी है। आपने कभी महसूस किया होगा की अगर आप रोज छः बजे उठते हैं और किसी छुट्टी के दिन आठ-नौ बजे तक उठें तो उठने के बाद बल्कि ज़्यादा थकान का अहसास होता है, भारी-भारी लगता है। यदि आप रोज़ दिन में नहीं सोते हैं और किसी दिन सो जाए तो शाम को उठने के बाद भी ऐसे ही भारीपन-सा लगता है, ऐसा इसलिए होता है, क्योंकि आपकी बॉडी का जो रेग्युलर स्लीपिंग साइकल है उसे आप ब्रेक कर रहे हैं, और ऐसी ही ग़लती करते हैं वो स्टूडेंट्स जो परीक्षा के दिनों में रात को जाग के पढ़ाई करते हैं। इससे स्लीपिंग साइकल ब्रेक हो जाता

है, दिमाग़ को इन्फ़ॉर्मेशन को जमाने का पूरा टाइम नहीं मिल पाता और कई सारी सूचनाएँ स्थाई नहीं हो पाती और एग्ज़ाम में याद नहीं आ पाती। याद रखिए जिस तरह बॉडी को ताकतवर बनाने और तंदुरुस्त रखने के लिए व्यायाम होता है उसी तरह दिमाग़ को तंदुरुस्त रखने और ताकतवर बनाने के लिए आठ घंटे की नींद ज़रूरी है। रात को सोने से पहले का एक घंटा और सुबह उठने के बाद का एक घंटा पढ़ाई के लिए अच्छा है लेकिन सिर्फ़ रिविजन के लिए, नयी पढ़ाई या बिना समझी हुई पढ़ाई के लिए नहीं। चूँकि रिविजन में आप कम समय में ज़्यादा सिलेबस कवर करते हैं और वो पहले से ही समझा हुआ होता है, ये समय इसके लिए बहुत उपयुक्त है। अच्छे मार्क्स आएँगे लेकिन रात को जागने से नहीं बल्कि रात को ठीक से सोने से।

*

अध्याय - 20

विशिष्टार्थक साहचर्य
सेल्फ़ मीनिंग एसोसिएशन

अच्छा सामान्य ज्ञान व्यक्ति को विशिष्ट व्यक्तित्व बना देता है, यह बात सर्वविदित है। हर कोई चाहता है की उसका सामान्य ज्ञान बहुत अच्छा हो, और प्रतियोगी परीक्षा की तैयारी करने वालों के लिए तो ये अति महत्वपूर्ण है। लेकिन सामान्य ज्ञान को याद करने और याद रखने में नानी याद आ जाती है, क्योंकि ये बहुत ज़्यादा तथ्यात्मक होता है। आज हम सीखेंगे की तथ्य कैसे याद रखें। इसमें एसोसिएशन और इमेजिनेशन के सिद्धांत का उपयोग करेंगे।

सेल्फ़ मीनिंग एसोसिएशन

इस मेथड में हम पहले विषय की सूचनाओं को काल्पनिक इमेज में बदलेंगे और उसके बाद उन्हें आपस में जोड़ देंगे। जैसे, कुछ प्रसिद्ध स्थानों की सूची देखिए, मुरादाबाद ब्रास के बर्तनों के लिए प्रसिद्ध है, जालंधर खेल के सामान के लिए। कटनी में सीमेंट बनता है, झारिया में कोयला निकाला जाता है, केरल कॉफी के उत्पादन के लिए जाना जाता है, रबर के उत्पादन लिए कर्नाटक और चावल के उत्पादन के लिए पश्चिम बंगाल प्रसिद्ध है। इन्हें याद करने के लिए, पहले इनके नामों से एक कल्पना चित्र बना लेंगे और इन्हें आपस में जोड़ देंगे। मुरादाबाद से कल्पना बनाए मुर्दाबाद और जोड़ दे दूसरी सूचना से, जो है ब्रास के बर्तन, कल्पना करें की कुछ लोग ब्रास के बर्तन हाथ में ले के मुर्दाबाद के नारे लगा रहे हैं। जालंधर - खेल का सामान, कल्पना करें की जल (पानी) के अंदर (जालंधर) आपके खेल का सामान तैर रहा है। कटनी-सीमेंट, सोचे की आपके नी (knee- घुटना) में कट लग गया है और उस पर दवाई की जगह सीमेंट लगा रहे है। झारिया - कोयला, कल्पना करे झाड़ी (झारिया) में कोयले भरे है। केरल- कॉफी, सोचे की आप कॉफी में करेला (केरल) डुबो के खा रहे है। रबर- कर्नाटक, देखिए की आपके मित्र ने आपको रबर के खिलौने दिए और कहा की इनको लेके स्टेज पर कर नाटक (कर्नाटक)। चावल - बंगाल, इमेजिन करें

की आपका बहुत बड़ा बंगला (पश्चिम बंगाल) है जिसमें चावल भरे हैं। बस अब सिर्फ़ इतना करना है कि इन नामों के काल्पनिक चित्र को देखना है और आपको उत्तर याद आ जाएगा। अगर में कहुं, कॉफी का उत्पादन कहाँ होता है, तुरंत आपको याद आएगा की आप कॉफी में करेला डुबो के खा रहे थे, और याद आ जाएगा, केरल।

है ना आसान और रुचिकर।

*

अध्याय - 21

दिमाग की ए. बी. सी. डी. ई. (ए.बी.सी.डी.ई सिद्धांत)

पढ़ाई में अच्छे अंक लाना हर किसी की चाहत होती है। और हर कोई अच्छे अंक लाने के लिए आज कल दिन-रात पढ़ाई में लगा हुआ है। अच्छे अंक लाने के पढ़ाई के चार आधार है, पढ़ना, लिखना, समझना और याद करना। इनमें सबसे ज़रूरी है याद करना, क्योंकि परीक्षा आपकी याददाश्त की ही होती है। आपने जो भी पढ़ा लिखा या समझा हो, परीक्षा में अगर याद नहीं आए तो मार्क्स नहीं मिलेंगे। और अच्छी तरह समय पर याद आने के लिए ज़रूरी है, अच्छे से याद किया हो। जितना पक्का याद होगा उतना जल्दी याद आएगा। आज सीखते हैं अच्छी तरह याद करने के लिए सूचनाओं को किस रूप में देखा जाए की वो पक्के से याद हो जाए।

ए बी सी डी ई सिद्धांत

किसी भी सूचना को दिमाग़ दो तरह से रखता है, या तो साधारण सूचना या विशिष्ट सूचना। जिस सूचना को दिमाग़ दृश्य रूप में संरक्षित करता है उसे विशिष्ट सूचना की तरह संरक्षित करता है, और वो जल्दी याद आती हैं। आप किसी भी सूचना को पक्का और विशिष्ट बनाने के लिए आप इस सिद्धांत को समझिए और अपनी पढ़ाई में इस्तेमाल कीजिए। ए- एक्शन, जो सूचना एक्शन यानी क्रिया रूप में होती है वो हमारे दिमाग़ को ज़्यादा अच्छे से याद होती है। जैसे मूवी हमें अपने आप याद होती हैं क्योंकि उसकी सारी सूचनाएँ सारे दृश्य क्रिया रूप में होते हैं। बी- बिग, जो सूचना आकार में बड़ी होती है, या जिसका असर बड़ा होता है, वो दिमाग़ को ज़्यादा अच्छे से याद होती हैं। मेले से घर आने पर मेले के बारे में सोच के देखो तो बड़े-बड़े झूले सबसे पहले याद आते हैं। सी- कलरफुल, जो चीज़े रंगीन होती हैं, कलरफुल होती हैं, हमारा दिमाग़ उन्हें अच्छे से संरक्षित करता है, अख़बार या किताबों में आपका ध्यान ब्लैक एंड वाइट से ज़्यादा रंगीन सूचनाओं पर जाता है। डी- डाईमेंशनल, यानी आयामी, जो चीज़े त्रियायामी रूप में दिखती है, वो जल्दी

याद होती हैं, जैसे एक शब्द है, हवाई जहाज़, ये सुनते ही आपके दिमाग़ में हवाई जहाज का चित्र उभर आता है जबकि अगर शब्द हो आत्मविश्वास, तो एकदम से कोई चित्र नहीं दिखता। ई- इमोशनल, जिन बातों का भावनात्मक प्रभाव दिमाग़ पर पड़ता है, वो जल्दी याद होती हैं। मान लीजिए आपको बताना है, इस वर्ष सिविल सेवा (आई ए एस) कौन प्रथम स्थान पर था, तो याद नहीं आएगा, लेकिन अगर वो आपका भाई हो, बेटा हो या दोस्त हो कभी भूल ही नहीं सकते क्योंकि उसके साथ आपका भावनात्मक संबंध है।

अगर आप पढ़ाई करते समय हर सूचना या विषयवस्तु को इस सिद्धांत का उपयोग करते हुए दिमाग़ में देखे तो वो आपको जल्दी और पक्की याद होगी और परीक्षा में जल्दी याद आएगी।

*

अध्याय - 22

काल्पनिक तर्क विधि

आज का विषय वैसे तो विशेष तौर पर वाणिज्य विषय (कॉमर्स) और टेक्स (कर) दाता के लिए है पर ये सभी के काम आएगा। दोस्तो, कई बार हमें ऐसी सूचनाएं याद रखनी होती हैं जो पूरी तरह तथ्यात्मक होती हैं और कोई विशेष तर्क ना होने के कारण उसे बार-बार दोहराना ही पड़ता है। और कई बार तो कुछ ऐसी विषय सूची होती है जो बहुत ही कंफ्यूसिंग होती है क्योंकि वो एक जैसी दिखती हैं। जैसे वाणिज्य विषय के छात्रों को इनकम टेक्स की सेक्शन - सब सेक्शन।

चलो जानते हैं, कैसे इस तरह की चीज़ो को याद रखें।

काल्पनिक तर्क विधि

इस विधि में हम सूचनाओं के उस हिस्से को जिसे याद रखना है और जिससे उत्तर जुड़ा है, उसे काल्पनिक तर्क दे देते हैं और उससे उत्तर की मुख्य बात को जोड़ देते हैं। जैसे इनकम टेक्स की इन सेक्शन को देखिए- 80 सी - बीमा, बचत और लंबी अवधि के निवेश पर टेक्स में छूट।

80 डी- स्वास्थ्य बीमा की प्रीमियम कर मुक्त।

80 डीडी- डिसेबल (अपंग) आश्रित के इलाज पर खर्च को कर से मुक्ति।

80 यू- यदि खुद अपंग हो तो इलाज का खर्च करमुक्त।

80 ई- शिक्षा ऋण (एजुकेशनल लोन) के ब्याज में कर में राहत।

80 जी- दान देने पर कर में राहत।

80 जीजी- घर के किराए को कर में छूट।

इस प्रकार की विषय वस्तु को याद रखने में कठिनाई होती है क्योंकि सब में धारा 80 कॉमन है इसलिए कंफ्यूसन होता है। चलिए इसे याद करते है, हमें 80 याद नहीं करना क्योंकि वो कॉमन है, उसकी मुख्य बात आगे के अक्षर से जुड़ी है। 80 सी -हम सी को एक काल्पनिक तर्क दे सकते है जैसे सी से कलेक्शन, कल्पना कीजिए की आप पैसे कलेक्शन (इकट्ठा) करते हो ताकि वो बचत इमरजेंसी या जरूरत के समय काम आये।

80 डी- डी से काल्पनिक तर्क बन सकता है- डॉक्टर, और ये धारा स्वास्थ्य बीमा की है तो तर्क बन सकता है की स्वास्थ्य का संबंध डॉक्टर से होता है।

80 डीडी- डीडी से काल्पनिक तर्क बन सकता है डिपेंडेंट डिसेबल - और ये धारा भी डिपेंडेंट डिसेबल (अपंग आश्रित) से जुड़ी है।

80 यू- यू से तर्क बन सकता है यू यानी आप (यू), और कल्पना करें की किसी अपंग व्यक्ति से कह रहे हैं, की यू आर डिसेबल इसलिए इलाज का खर्च करमुक्त होगा।

80 ई- 'ई' से सबसे रोचक और सटीक कल्पना कर सकते हैं - एजुकेशन। हालांकि वास्तव में 80 ई में ई की कोई फुल फॉर्म नहीं है, लेकिन संयोग से ये धारा शिक्षा यानी एजुकेशन लोन से जुड़ी है। अतः इसे इस काल्पनिक तर्क से आसानी से याद रख सकते हैं

80 जी- जी से काल्पनिक तर्क बन सकता है ग्रांट - यानी दान, और ये धारा संयोग से दान करने से ही जुड़ी है।

80 जीजी- जीजी से काल्पनिक तर्क बना सकते है घर-गृहस्थी, ये धारा जुड़ी है घर गृहस्थी के किराए से, तो तार्किक रूप से याद हो गयी।

है ना बढ़िया तकनीक।

*

अध्याय - 23

तुकबंदी विधि और मानसिक घडी
हारमनी मेथड - माइंड क्लॉक

आपने पाया होगा की जो बातें कई बार ज़्यादा महत्वपूर्ण होती हैं वो ही हम अक्सर भूल जाते हैं। एक दिन में कई काम होते हैं तो ज़रूरी काम घर पर वापस लौटने पर ध्यान आता है। और ऐसा तब ज़्यादा होता है जब एक दिन में कई काम होते है। ऐसा इसलिए होता है क्योंकि जब तक सूचनाओं के बीच कोई महत्वपूर्ण और मज़बूत लिंक नहीं होता तब तक दिमाग़ इन्हें बेतरतीब ढंग से रखता है। लेकिन अगर हर काम या सूचनाओं को किसी स्वाभाविक सूचना से जोड़ दिया जाए तो अपने आप ही सब याद आएगा।

हारमनी राईम मेथड - माइंड क्लॉक सिस्टम

अक्सर हम अपॉइंटमेंट्स या निश्चित समय पर किए जाने वाले काम भूल जाते हैं, दिन का शेड्यूल गड़बड़ा जाता है क्योंकि कोई ना कोई बात या काम चूक जाता है। पूरा दिन बीतने पर ध्यान आता है की अरे आज दो बजे डॉक्टर के पास जाना था भूल गये, चलिए सीखते हैं दिन के शेड्यूल को याद रखने के लिए कैसे दिमाग़ के मेंटल क्लॉक सिस्टम से कैसे याद रखें कि कोई काम छूटे नहीं। जैसा कि इस मेथड का नाम है राईम मेथड यानी इसमें हम पहले काम के क्रमांक को मिलते-जुलते राईम (तुक) से एक पिक्चर या दृश्य में बदल देंगे और उसे उस काम से जिसे याद रखना है, जोड़ देंगे। घड़ी में जो संख्याएं है उसे राईम में इस प्रकार बदल सकते हैं, जैसे 1- को सन (सूरज), 2- को शू (जूता), 3- को ट्री (पेड़), 4- को डोर (दरवाजा), 5- को नाइफ (चाकू), 6- को वीक्स, 7- को हेवेन (स्वर्ग), 8- को प्लेट (थाली), 9- को वाईन (शराब),10- को हेन (मुर्गी), 11- को लेमन (नीबू) और 12- को शेल्व (ताक या आला) के रूप मे देख सकते हैं।

अब मान लीजिए मुझे आज सुबह 7 बजे जिम में कसरत करने जाना है, फिर 9 बजे रेलवे स्टेशन जाना है, 10 बजे बैंक में पैसे जमा कराने जाना है, 1 बजे बच्चों को स्कूल से लाना है, फिर 2 बजे दोस्त के घर पे लंच है, 3 बजे डॉक्टर से अपॉटमेंट्स है, 4 बजे

स्वीमिंगपूल मे स्वीमिंग के लिए जाना है। अब इसे याद करने के लिए इस प्रकार जोड़िए, 7 का राईम चित्र था हेवेन यानी स्वर्ग, कल्पना कीजिए की आप स्वर्ग में कसरत कर रहें हैं, 9 बजे रेलवे स्टेशन, सोचिए की रेलवे स्टेशन पर वाइन से भारी ट्रेन आयी, 10 बजे बैंक जाना था, इमेजिन करें कि एक मुर्गी बैंक में पैसे जमा करा रही है, 1 बजे बच्चों को स्कूल से लाना है, सोचिए की 1- सन (सूरज) पर बच्चो का स्कूल है, 2 बजे दोस्त के यहाँ लंच पे जाना था, इमेजिन करें की दोस्त के साथ आप लंच कर रहे हैं और खाने की टेबल पर किसी ने 2- शू (जूते) रख दिए हैं, 3 बजे डॉक्टर से मिलना है, कल्पना करें कि डॉक्टर ट्री (पेड़) पर बैठ के मरीज देखता है, 4 बजे स्वीमिंग पूल, देखिए की 4 यानी डोर खोलते ही बाहर स्वीमिंग पूल है। अब जब भी आप घड़ी देखेंगे और सोचेंगे की कितने बजे कौन-सा काम करना था तो संख्याओं के राईम चित्र आपको काम याद दिला देंगे, जैसे अगर मैं काहूँ कि डॉक्टर के कब जाना था तो आपको याद आएगा कि डॉक्टर पेड़ पर बैठा था, और ट्री से ध्यान आ जाएगा कि 3 बजे जाना था। 4 बजे क्या काम था तो 4 से डोर याद आएगा और अपने आप दिमाग़ मे दिखाई देगा कि दरवाजे के बाहर स्वीमिंग पूल था, तो स्वीमिंग पूल जाना था।

है ना मेंटल क्लॉक सिस्टम असरदार।

*

अध्याय - 24

विस्मृति और काल्पनिक अधिगम एबसेंट माइंडनेस और लटेंट लर्निंग

एक बार मेरा भाँजा चिंटू डाइनिंग टेबल पर खाना खा रहा था। उसकी मम्मी आई और उन्होंने कहा, चिंटू मैं किचन से नमक लाना भूल गयी हूँ, जाओ किचन से नमक ले आओ। चिंटू ने कहा मम्मी मुझे नमक नहीं मिलेगा आप ले आओ। मम्मी बोली हर काम में ऐसे ही करते हो, तुम्हें ही लेके आना है, जाओ किचन में रखा है, फ्रिज के ऊपर, रेड कलर की बॉटल में, जल्दी से ले के आओ, चिंटू बोला, मम्मी मुझे नहीं मिलेगा आप ले आओ। मम्मी बोली, तुम्हारी पिटाई हो जाएगी, जाओ ले के आओ। ना-ना करते-करते चिंटू किचन में पहुँचा, और वहाँ से आवाज़ लगाई, मुझे नमक कहीं नहीं दिख रहा, मम्मी बोली अरे ठीक से देखो वहीं रखा है, फ्रिज पे ढंग से देखो, मुझे यहाँ से उठाओ मत। चिंटू बोला, अरे मुझे सच में नहीं मिल रहा, उसकी मम्मी किचन में आई, चिंटू का कान पकड़ के डाँटते हुए बोली, ये देखो सामने ही पड़ा है, और तुम्हें दिखा नहीं। कोई काम कहो तो बहाने बनाते हो। चिंटू बोला नहीं मम्मी ये नमक मुझे सच में नहीं दिखा था। आपके साथ भी ऐसा होता होगा, सामने रखी हुई कोई चीज़ सामने होते हुए भी कई बार हमें दिखाई नहीं देती, मिलती नहीं जब तक कोई दूसरा व्यक्ति आके ना बताए। जानते हो ऐसा क्यों होता है?

एबसेंट माइंडनेस और लटेंट लर्निंग

वैज्ञानिक ये बताते है की जब भी कोई काम हमें टास्क की तरह दिया जाता है, हमारा दिमाग़ उस काम का एक रिज़ल्ट पहले ही काल्पनिक रूप से बना लेता है। और ये काल्पनिक रिज़ल्ट वास्तविक रिज़ल्ट अधिकांश रूप से मेल ख़ाता है। काल्पनिक रूप से दिमाग़ में काम का परिणाम देखना लटेंट लर्निंग कहलाता है। काल्पनिक परिणाम कई बार सच में वास्तविक परिणाम को प्रभावित करता है। चाहें वो काम करना आप पसंद करें या ना करें, लेकिन दिमाग़ उसका काल्पनिक परिणाम बनाता ही है। जैसे उस उदाहरण में जब चिंटू से कहा गया की नमक लाओ तो चिंटू से सबसे पहले कहा की मुझे नमक नहीं

मिलेगा। दिमाग़ ने इस वाक्य को चिंटू का इच्छित परिणाम माना और एक ऐसा मेंटल प्रोसेस बनाया की चिंटू को सब कुछ दिख जाए पर नमक ना दिखे, और उसे नमक नहीं दिखा, इसे ही एबसेंट माइंडनेस कहते हैं। चिंटू के नेगेटिव स्टेट्मेंट- "नमक नहीं मिलेगा", की वजह से दिमाग़ की नज़र में चिंटू की सफलता नमक के ना मिलने में थी। और याद रखिए आपका दिमाग़ आपको हमेशा सफल बनाना चाहता है। पर सफलता निर्भर करती है आपके विचार, और काम के प्रति आपके पहले नज़रिए पर। दिमाग़ में पॉज़िटिव थॉट्स के साथ काम करने पर दिमाग़ अटेंटिव रहता है जिससे काल्पनिक परिणाम भी पॉज़िटिव बनता है और वास्तविक परिणाम भी पॉज़िटिव होता है और आप सफल। आज के बाद कोई भी काम करें, हमेशा पहला स्टेटमेंट अपने आपको पॉज़िटिव दे, फिर देखे दिमाग़ कैसे आपको सफलता दिलाता है।

*

अध्याय - 25

मानसिक साहचर्य प्रक्रिया मेंटल लिंकिंग सिस्टम

दोस्तो, तेज़ दिमाग़ हर मुश्किल को आसान कर देता है। ये शास्वत सत्य है। हम घर मैं कई बार चीज़ों को रख के भूल जाते हैं कि कहा रखी थी। कभी चाबी नहीं मिलती, कभी जुराबे नहीं मिलती तो कभी रुमाल। कभी मोबाइल नहीं मिलता तो दूसरे फ़ोन से घंटी दे कर ढूँढते हैं। कभी पेन नहीं मिलता तो कभी बिजली का बिल। कभी ज़रूरी कागजात कहा रखे हैं ये याद नहीं आता। चलिए आज सीखते हैं घर पे रखी हुई चीज़ो को कैसे याद रखें कि वो समय पर मिल जाए।

मेंटल लिंकिंग सिस्टम

घर में चीज़े वो खोती हैं जिन्हें रखने की जगह नहीं होती, लेकिन जिन चीज़ों को रखने की पक्की जगह होती है वो कभी नहीं खो सकती अक्सर सुनते है पेन नहीं मिल रहा, चेकबुक कहाँ रख दी, आधार कार्ड कहाँ पड़ा है, पर कभी नहीं सुना होगा की टमाटर नहीं मिल रहे, क्योंकि उसके रखने की जगह है- फ्रिज। फ्रिज और फ्रिज में रखने वाली चीज़ो के बीच एक एसोसिएशन हम बना लेते हैं जिससे हमें याद रहता है की खाने-पीने की चीज़े फ्रिज में हैं। बाकी चीज़ों को हम बिना एसोसिएशन बनाए कहीं भी उठा के रख देते है इसलिए अक्सर हमें याद नहीं आता कि कहाँ रखी हैं। चलिए सीखते है की क्या करें कि हमें वो सारी चीज़े याद रहे जो हम याद रखना चाहते हैं। हमारा दिमाग़ बड़ी और क्रियाशील चीज़ों को और दृश्यों को ज़्यादा अच्छी तरह याद रखता है, तो हम काल्पनिक दृश्य बनाते हुए घर की चीज़ो को पक्का याद रख सकते है। जैसे अगर चाबी रख के भूलते हैं तो आप चाबी पर एक स्टिकर चिपका कर लिख दीजिए, हाथी, और कल्पना कीजिए की आप चाबी नहीं बल्कि एक बड़े हाथी को घर में कहीं रख रहे हो, आपको हमेशा याद रहेगा की चाबी कहा रखी है क्योंकि चाबी कहते ही आपको हाथी दिखेगा और हमेशा याद रहेगा की घर में हाथी कहाँ खड़ा है। पेन को रखते समय कल्पना करें कि दुनिया का सबसे

बड़ा पेन जो आकार में बहुत बड़ा है वो आपके घर में है और आपको हमेशा याद रहेगा वो कहा रखा है। आधार कार्ड या ज़रूरी कागजात रखते समय कल्पना करें कि आधार कार्ड बहुत बड़ा है और उसमें आग लग रही है, हर वक्त वो कागजात जल रहे हैं। आपको याद रहेगा कि घर में काल्पनिक आग कहां लग रही है। चेकबुक अगर समय पे नहीं मिलती तो उसे पहली बार रखते समय कल्पना कर सकते हैं कि वो धीरे-धीरे बड़ी होती जा रही है साथ ही उसमें करोड़ों रुपये रखे हैं। इस प्रकार इन आसान से दिखने वाले प्रभावशाली एसोसिएशन के तरीक़ो से आप घर की सारी चीज़ो को हमेशा के लिए याद रख सकते हैं।

*

अध्याय - 26

आकृति विधि

हमारे दिमाग़ मे सूचनाएं मुख्य रूप से पाँच तरह से संग्रहित होती है। स्वाद, गंध, स्पर्श, ध्वनि और दृश्य। इनमें सबसे पहले दृश्य रूप मे सूचनाएँ सबसे शक्तिशाली रूप में संरक्षित होती है। ये इंसान की स्मृति का सबसे स्वाभाविक और शक्तिशाली स्वरूप होता है। हम किसी भी सूचना को यदि दृश्य रूप में बदल दें तो वो स्थाई मेमोरी में बदल सकती है।

आकृति विधि

संख्याओं का एक रूप हम बचपन से पढ़ते और देखते आए है, लेकिन वो स्वरूप अमूर्त स्वरूप होता है इसलिए संख्या संबंधित सूचनाएँ मुश्किल से याद होती हैं। लेकिन यदि हम हर संख्या को एक नया त्रि-आयामी दृश्य रूप दें तो वो संख्या ही हमें स्थाई स्मृति बनाने में मदद करेगी। हर संख्या का एक रूप आप उस संख्या की आकृति से बना सकते हैं। जैसे संख्या एक -1, का स्वरूप एक स्टिक (छड़ी) जैसा होता है। दो 2, का स्वरूप बतख जैसा होता है। तीन - 3 की आकृति दिल जैसी होती है। चार -4, में झंडे की आकृति दिखाई देती है। पाँच -5, एक हुक जैसा दिखता है। छः -6, एक हाकी स्टिक की आकृति जैसा होता है। सात -7, एक लैंपपोस्ट (बिजली का खंबा) जैसा दिखता है। आठ -8, चश्मे के जैसा दिखाई देता है, नौ -9, में लौली पोप जैसी आकृति दिखाई देती है। दस -10, मे हम बैट बॉल को देख सकते हैं। अब मान लीजिए आपको भारत के राष्ट्रपति क्रम से याद करने है, तो आप राष्ट्रपति के नाम को एक मूर्त चित्र का रूप देकर इन संख्याओं से जोड़ देना है। जैसे पहले राष्ट्रपति है- राजेंद्र प्रसाद, जिनका काल्पनिक मूर्त चित्र हुआ राजा, अब आप कल्पना कीजिए की एक राजा है जिनके हाथ में छड़ी है। दूसरे राष्ट्रपति है, राधाकृष्णन- इनका काल्पनिक चित्र हो सकता है राधा और कृष्ण भगवान, कल्पना कीजिए की एक बतख राधा-कृष्ण भगवान की पूजा कर रही है। तीसरे राष्ट्रपति है, जाकिर हुसैन - इनका काल्पनिक मूर्त चित्र हो सकता है ज़ाकिर हुसैन (तबला वादक) सोचिए कि ज़ाकिर हुसैन साहब जो तबला बजा रहे हैं उसका रूप दिल के जैसा है। चौथे है वी.वी. गिरी, काल्पनिक चित्र हो सकता है गिरी साहब की बीवी, कल्पना कीजिए की गिरी साहब की बीवी के हाथ मे देश का झंडा है।

इस प्रकार आगे स्वयं काल्पनिक चित्र बनाकर आप सारे राष्ट्रपति ही नहीं बल्कि सभी प्रकार के क्रमों को याद कर सकते हैं।

*

अध्याय - 27

नंबर पिक्चर सिस्टम - संख्या चित्रविधि

दोस्तो, क्या आप जानते हैं कि दिमाग़ कल्पना शक्ति का प्रयोग याद करने के लिए करता है और एसोसिएशन यानी साहचर्य या जुड़ाव का उपयोग याद आने के लिए। कल्पनाओं में वो चीज़े हमें जल्दी याद होती है जिसका त्रियायामी रूप दिमाग़ बना पता है। जैसे अगर मैं कहु, सफेद घोड़ा, तो आपके दिमाग़ में सफेद घोड़े का चित्र तुरंत आ जाएगा, लेकिन अगर कहु कि 'प्राथमिकता' तो इस शब्द का तुरंत ही कोई स्पष्ट चित्र दिमाग़ में नहीं बनता। इन्हें हम एब्स्ट्रक्ट या अमूर्त शब्द भी कहते हैं। दिमाग़ मूर्त शब्दों का एसोसिएशन जल्दी बनता है और जल्दी ही याद दिलाता भी है।

नंबर पिक्चर सिस्टम - संख्या चित्र विधि

संख्याएँ भी अमूर्त संज्ञा होती है इसीलिए संख्याओं या संख्या संबद्धित चीज़ो को याद रखना अपेक्षाकृत कठिन होता है। चाहे फोन नंबर हो, महत्वपूर्ण दिनांक हो, या पढ़ाई में आपके विषय से संबद्धित संख्याएं हो जैसे एटोमिक नंबर, गलनांक, वर्गमूल आदि। इस विधि में हम संख्याओं को एक मूर्त चित्र के रूप में बदल सकते हैं और उनका प्रयोग किसी भी खास क्रम को याद करने में कर सकते हैं। जैसे एक का चित्र राजा, क्योंकि राजा एक ही होता है। दो का चित्र आँखे क्योंकि आँखे दो होती है। तीन का नया रूप बंदर क्योंकि गाँधी जी के तीन बंदर प्रसिद्ध है। चार का चित्र हो सकता है कार क्योंकि कार के चार पहिए होते है। और पाँच का चित्रित रूप हो सकता है हाथ की पाँच उंगलियाँ, छः का मूर्त रूप होगा क्रिकेट क्योंकि उसमें छक्का लगता है, सात को हम इंद्रधनुष के रूप में देख सकते है क्योंकि उसमें सात रंग होते है, आठ को एक आठ भुजाओं वाले ओक्टॉपस का रूप दे सकते हैं, नौ में मुझे सौर मंडल के नौ ग्रह दिखते हैं और दस का मूर्त रूप हो सकता है रावण क्योंकि रावण के दस सिर थे। अब आप जो भी क्रम में याद करना चाहो संख्याओं के इन नये प्रतीकों से जोड़कर आसानी से याद कर सकते हो। कैसे, चलिए इनसे वायुमंडल की पाँच परतों को याद करते हैं, वायुमंडल की क्रमशः पाँच परतें हैं - ट्रोपो स्फीयर, स्ट्रैटो स्फियर, मीसोस्फियर, थर्मो स्फीयर और एक्सो स्फीयर। इसमें स्फीयर को याद करने की

ज़रूरत नहीं क्योंकि है ये सबमें समान है। मुख्य नामांश को ही याद रखना है और चूँकि ये अमूर्त शब्द है तो हम इन्हें काल्पनिक मूर्त रूप दे देंगे। अब आप इन परतों के मुख्य नामांश को संख्याओं के मूर्त रूप से जोड़ दीजिए, जैसे एक यानी राजा और पहली परत का नामांश है ट्रोपो, जिसका भी मिलता-जुलता मूर्त चित्रबन सकता है टोपी, कल्पना कीजिए राजा ने टोपी पहन रखी है। दूसरी परत का नामांश है स्ट्रैटो, जिससे बन सकता है - स्ट्रा, कल्पना कीजिए आप आँखो से स्ट्रा उठा रहे हो। तीसरी परत है, मीज़ो जिसका मूर्त चित्र हो सकता है - मोजे (जुराबे) कल्पना कीजिए, बंदरों ने आपकी जुराबे पहन रखी है। चौथी परत है थर्मो जिसका मूर्त रूप बन सकता है- थर्मामीटर, कल्पना कीजिए की एक कार में थर्मामीटर रखे हैं, पाँचवीं परत है, एक्सो जिसका मूर्त रूप बनेगा एक्स यानी कुल्हाड़ी। कल्पना कीजिए कि आपके हाथ की पाँचों उंगलियों से एक बड़ी से कुल्हाड़ी पकड़ रखी है।

अब आपसे कोई पूछे कि बताओ वायुमंडल की तीसरी परत का नाम क्या है तो आप पहले देखिए तीन का मूर्त रूप था बंदर, बंदर दिखते ही ध्यान आ जाएगा बंदर ने मोजे (ज़ुराबे) पहें रखी थी, यानी तीसरी परत है मीसोस्फियर। हुआ ना संख्याओं से क्रम को याद करना आसान।

*

अध्याय - 28

काल्पनिक दृश्य संयोजन विधि विजुअल लिंकिंग मेथड

कई बार ऐसी सूचनाएँ हमें याद करनी होती हैं जिनमें आपस में एसोसिएशन होता है। और कई बार याद करने पर भी उनका एक हिस्सा याद नहीं आता। क्योंकि हम इन्हें दोहरा के या रट के याद करते हैं। दोहरा के याद की गयी मेमोरी स्थाई नहीं होती, और इसकी निर्भरता लगातार दोहराने पर टिकी होती है। लेकिन यदि स्मृति को दोहराने की साथ-साथ दिमाग़ में देख लिया जाए तो वो स्थिर हो जाती है। क्योंकि एक सूचना दूसरी का आधार बन जाती है।

विजुअल लिंकिंग मेथड

इस विधि में दो सूचनाओं को आपस में जोड़ के याद किया जाता है। शर्त ये है कि दोनों सूचनाएँ मूर्त रूप में दिखाई देनी चाहिए।

इस विधि से हम कई महत्वपूर्ण एसोसिएशन याद कर सकते हैं, जैसे आविष्कार - आविष्कारक, स्थान - उत्पादन, खनिज - स्रोत स्थान, टर्मिनोलॉजी आदि। जैसे टेलिफोन के आविष्कारक है-ग्राहम बेल, लिफ्ट का अविष्कार ओटिस ने किया था, रिवॉल्वर का आविष्कार किया था कोल्ट ने। टाइपराइटर का आविष्कार शाल्ज ने किया था। स्टीम बोट का आविष्कार किया था फुलटन ने। अब याद करने के लिए ध्यान देना है कि यहाँ दो सूचनाएँ है, एक आविष्कार और दूसरा आविष्कारक, इसमें खास बात ये है कि जो आविष्कार है उसका मूर्त चित्र पहले से ही हमारे दिमाग़ में है, टाइपराइटर कहते ही उसका चित्र हमारे दिमाग़ में उभर आता है, जबकि आविष्कारक का नाम किसी मूर्त रूप में दिमाग़ में नहीं है, यानी हमें इसे ही याद रखना है। करना क्या है कि, पहले वो सूचना जो अमूर्त है या जिसका कोई स्वरूप दिमाग़ में नहीं है उसे काल्पनिक स्वरूप देना है और दूसरे शब्द जो पहले से ही मूर्त रूप में है उससे जोड़ना है। जैसे टेलीफ़ोन - ग्राहम बेल (काल्पनिक

रूप "गरम बेल"), कल्पना कीजिए टेलीफ़ोन की बेल बजते ही वो तेज़ गरम हो जाता है। लिफ्ट - ओटिस (काल्पनिक चित्र, ओफिस) याद कर लीजिए की लिफ्ट हमेशा ऑफिस में होती है, रिवॉल्वर - कोल्ट (काल्पनिक चित्र, पहनने वाला कोट) सोचिए आपके कोट की जेब में आपने एक रिवॉल्वर छुपा रखा है। टाइपराइटर - शाल्स (ओढ़ने वाला शाल), कल्पना कीजिए टाइपराइटर को शाल से लपेट कर रखा है। स्टीम बोट - फुलटन (एक टन फूल) देखिए की स्टीम बोट में एक टन फूल भरे हैं। इस विधि से आप कई प्रकार के एसोसिएशन याद रख सकते हैं।

*

अध्याय - 29

भावनात्मक अनुभव विधि इमोशनल एक्सपीरियंस मेथड

किसी काम को अच्छी तरह करने का तरीका क्या होता है? वह होता है उसे अच्छी तरह सीखना। हमारा दिमाग याददाश्त को विभिन्न रूपों में संकलित करता है इसमें सबसे मुख्य है अनुभूत स्मृति। हम जिस घटना का अनुभव कर लेते हैं उसे घटना से कोई भावनात्मक परिवर्तन होता है, वह मस्तिष्क में स्थाई स्मृति के रूप में स्थापित हो जाता है। जिस सूचना से हमारा सीधा भावना तक संबंध होता है वह सूचना इसका स्थाई स्मृति बनती है।

इमोशनल एक्सपीरियंस मेथड

इस विधि में किसी घटना को काल्पनिक रूप से अनुभव किया जाता है जिससे भावनात्मक परिवर्तन होता है। और वह सूचना या घटना स्थाई रूप में याद हो जाती है उदाहरण के तौर पर अगर दुर्घटना के बारे में पढ़ा तो वह ज्यादा याद नहीं रहती लेकिन दुर्घटना के बारे में सुना तो थोड़ा याद रहती है और दुर्घटना होते हुए देखा तो याद रहती है याद हो जाती है लेकिन अगर दुर्घटना का अनुभव हुआ तो चाहकर भी इसे नहीं भूल पाए यानी स्थाई स्मृति बन जाती है। ऐसी कई बातें होती है जो हम याद रखना नहीं चाहते पर वह याद रहती हैं क्योंकि उन बातों या घटनाओं के घटित होते समय तीव्र भावनात्मक असर दीवार दिमाग पर हुआ था।

यानी वह सारी बातें इमोशनल एक्सपीरियंस की थी इसी प्रक्रिया को हम सकारात्मक रूप में हम याद रखना चाहते हैं अगर कुछ तो उसे याद रखने में भी कर सकते हैं।

इसी प्रक्रिया को हम सकारात्मक रूप में जो हम याद रखना चाहते हैं उसे याद करने में भी कर सकते हैं जैसे आप टीपू सुल्तान से जुड़ी बात याद रखना चाहते हैं तो आप यह मान लें कि टीपू सुल्तान आपके परिवार का ही कोई सदस्य है या आप स्वयं है और फिर उससे

जुड़ी बातों का अध्ययन करें तो आप कल्पनाओं में उससे जुड़ी घटनाओं को अनुभव कर पाएंगे और वह याद रहेंगे।

मान लीजिए कि टीपू सुल्तान और अंग्रेजों के बीच मैसूर का युद्ध हुआ था अब आपको यह याद रखना है तो आप कल्पना कर सकते हैं कि आपके पड़ोस में ही टीपू सुल्तान और अंग्रेज मैसूर जाने के लिए आपस में लड़ रहे हैं और आप उन्हें समझ रहे हैं इस झगड़े को बंद करने की बात कर रहे हैं। यह कल्पना आपको इस घटना को बेहतर याद रखने में मदद करेगी क्योंकि यह आपकी भावना से जुड़ी हुई है।

इसी तरह रानीगंज कोयले के उत्पादन के लिए मशहूर है यह बात याद रखने के लिए आप कल्पना कर सकते हैं, एक रानी है जो जलते हुए कोयले सर पर रखने की वजह से गंजी हो गई है यह रानी आपकी मित्र है और आप उसे अस्पताल लेकर जा रहे हैं अब आप पाएंगे कि अपने आप ही याद हो रहा है क्योंकि इस घटना या सूचना के साथ आपका भावनात्मक संबंध बन गया है। है ना मजेदार इसे आप भी प्रयोग करके देखें।

*

अध्याय - 30

चलचित्रीकरण शृंखलाविधि

आज हम जानेंगे दिमाग़ की खास संरक्षण प्रक्रिया को। सूचना को दिमाग़ में स्थापित करने के लिए दिमाग़ उसे मुख्यतः कोई रूप दे देता है। जिस प्रकार से कंप्यूटर की एक भाषा होती है, बाइनरी यानी ज़ीरो और एक की भाषा। सूचनाएँ और चीज़े कंप्यूटर में किसी भी रूप में पुनः प्राप्त की जाए, जैसे चित्र, चलचित्र, लिखित, शब्द, संख्या या किसी भी रूप में हो किंतु कंप्यूटर उसे बाइनरी 'ज़ीरो और एक' के रूप में ही संरक्षित करता है। और अधिकांश लोग इस बात को जानते भी हैं। इसी प्रकार दिमाग़ भी किसी भी तथ्य को विशिष्ट रूप देकर स्टोर करता है। मुख्यतः किसी तथ्य को दिमाग़ तीन रूप में रखता है, शब्द, संख्या और चित्र। आपने कभी गौर किया की किसी भी किताब में भी ये तीन चीज़े ही होती है। यदि किसी तथ्य को स्थाई स्मृति में बदलना हो तो इन तीनो रूपो को कल्पना शक्ति की मदद से चलचित्र में बदल दें।

चलचित्रीकरण शृंखला विधि

इस विधि में हमें किसी भी तथ्यों के क्रम को एक के बाद एक चलचित्र के रूप में देखना होता है। जैसे मान लीजिए भूगोल का एक उदाहरण है- पर्यावरण को प्रभावित करने वाले कारक - 1. वन क्षेत्र, 2. मिट्टी के प्रकार, 3. औद्योगिक क्षेत्र, 4. समुद्र से दूरी, 5. पर्वतीय क्षेत्र, 6. बादल।

अब इन तथ्यों के क्रम को याद करने के लिए आप मानसिक चलचित्र बना सकते हैं। एक तथ्य को दूसरे से दिमाग़ में क्रम से जोड़ते हुए चलचित्र के रूप में देखिए। मान लीजिए आप अच्छे पर्यावरण की तलाश में एक वन में गये जहाँ कई प्रकार की मिट्टियाँ थी, आपने मिट्टी उठाई और एक बड़ी-सी औद्योगिक फैक्ट्री में डाल दी, ये फैक्ट्री समुद्र में तैर रही है, समुद्र के किनारे एक बड़ा पर्वत है उस पर आप चढ़ गये तो देखा कि पर्वत पर घने बादल हैं। अब आपको ये प्रश्न आसानी से याद हो जाएगा क्योंकि चलचित्र हमें सबसे जल्दी याद होते हैं। एक बार बिना इसे पढ़े कोशिश करके देखिए।

*

अध्याय - 31

नामांश संक्षिप्तिकरण विधि

नमस्कार दोस्तो। हमारा दिमाग़ हर नई स्मृति को स्थाई करने के लिए उसे किसी ना किसी पहले से स्थित स्मृति से जोड़ने का प्रयास करता है। यानी जो हम नहीं भूल सकते उसे अगर जोड़ दें उससे जिसे हम नहीं भूलना चाहते तो हर नई सूचना को स्थाई स्मृति में बदल सकते हैं। इसमें एक कारगर तरीका है नामांश का संक्षिप्त वाक्य बनाना।

नामांश संक्षिप्तिकरण विधि

इस विधि से आप कई तथ्यात्मक ज़रूरी सूचनाओं को जो की एक खास क्रम में हो, याद रख सकते हैं। इस विधि में किसी भी क्रम जैसे पहले से बाद वाले क्रम, या बढ़ते या घटते क्रम को याद रखने के लिए उस उत्तर के तथ्यों के शब्दों के पहले अक्षरों को आपस मे जोड़ कर एक नये वाक्य का निर्माण किया जाता है और फिर उस वाक्य को याद कर लिया जाता है। बस उस एक वाक्य से कई बिंदु तथा क्रम से वो उत्तर या तथ्य याद रहता है।

जैसे आप इस वाक्य पर ध्यान दीजिए - "छत पर जा गबर मामी है, उन्हे कैंसर है।" अब समझिए, कर्क रेखा (ट्रॉपीक ऑफ कैंसर) पर स्थित राज्य है- छत्तीसगढ़, त्रिपुरा, झारखंड, गुजरात, बंगाल, राजस्थान, मध्य प्रदेश, और मिज़ोरम। इन राज्यों के पहके अक्षरों से हमने एक नया अटपटा वाक्य बना लिया, और जिससे ये राज्य याद रहेंगे। छ से छत्तीसगढ़, त से त्रिपुरा, जा से झारखंड, ग से गुजरात, ब से बंगाल, र से राजस्थान, मा से मध्य प्रदेश और मी से मिज़ोरम। सारे राज्यों को बार-बार रट्टा मार के याद करने की बजाय बस इस वाक्य से याद रखा जा सकता है। एक और उदाहरण देखिए, मान लो हमें याद रखना है की भारत के वो पड़ोसी देश जो भारत की जल और थल दोनो सीमाओं से जुड़े हैं वो है- म्यामार, बांग्लादेश और पाकिस्तान। इसे याद करने के लिए नामांश संक्षिप्त करके बना सकते है- माँ बाप। माँ से म्यामार, ब से बांग्लादेश और प से पाकिस्तान। साथ ही कल्पना कर सकते हैं कि सारे माँ-बाप हमेशा विदेश जाने के लिए उन्हीं देशों में जाते हैं जो भारत से जल और थल दोनों से जुड़े हो। ऐसे ही इस वाक्य को देखिए- केक गया गुम, इस वाक्य में भारत की पश्चिमी तट पर स्थित राज्य छुपे है- के से केरल, क से कर्नाटक, गया से गोआ, गु से गुजरात और म से महाराष्ट्र। इस प्रकार आप अपने खुद के नामांश वाक्य बना सकते हो। और कठिन क्रमों या सूचनाओं को याद रख सकते हो।

अध्याय - 32

शब्दकोष स्मृतिकरण विधि (डिक्शनरी मेमोराइजेशन टेकनीक)

दोस्तो, इस कड़ी में आज हम सीखेंगे की अंग्रेजी भाषा के शब्द उनके अर्थ और यहाँ तक की पूरा शब्दकोष- डिक्शनरी तक कैसे याद करें। किसी भी भाषा के दो मुख्य हिस्से होते है। ग्रामर यानी व्याकरण और वोकेब्लरी यानी शब्द- शब्दार्थ। हम व्याकरण नहीं भूलते क्योंकि वो लॉजिकल (सिद्धांत और तर्क आधारित) होती है, किंतु वोकेब्लरी या शब्दकोष अक्सर कई बार याद करने पर भी भूल जाते हैं क्योंकि ये तर्क या सिद्धांत आधारित नहीं होता। और इन्हें कई बार दोहराने पर भी भूल जाते हैं। जबकि अधिकांश लोग चाहते हैं कि उनका शब्दकोष अच्छा हो। आइए सीखते है की कैसे वोकेब्लरी (शब्द-शब्दार्थ) यहाँ तक की पूरी डिक्शनरी कैसे याद कर सकते हैं।

डिक्शनरी मेमोराइजेशन टेकनीक

शब्दकोष स्मृतिकरण विधि

इस विधि में हमें कल्पनाशक्ति का उपयोग करते हुए हर शब्द को एक मूर्त रूप देना है तथा उसके अर्थ से उस काल्पनिक मूर्त चित्र को जोड़ देना है। कैसे ? इसके लिए इस उदाहरण पर ध्यान दीजिए -

हम कुछ अंग्रेजी के शब्द और शब्दार्थों पर नज़र डालते हैं, जैसे- बेस्मिर्च (Besmirch) शब्द का अर्थ है गंदगी करना, बेस्मिर्च से हमारे दिमाग़ में एक काल्पनिक मूर्त चित्र बना सकते है बीस मिर्च कल्पना कीजिए आपके घर को बच्चे बीस मिर्च फेला के गंदा कर रहे है। लॉईटर (Loiter) शब्द का अर्थ है आवारगर्दी- लॉईटर से मिलता हुआ शब्द हो सकता है लाइटर, कल्पना कीजिए कुछ लोग आवारगर्दी कर रहे हैं जिनके हाथ में लाइटर है।, बेडिजेन (Bedizen) का अर्थ है आभूषण से सजाना- बेडिजेन का काल्पनिक चित्र हो सकता है, बड़ी ज़ेन कार, दिमाग़ में देखिए की एक बड़ी सी ज़ेन कार है जो आभूषणों से सजी हुई है।, ऐरैक (arrack) यानी पुरानी शराब - ऐरेक से हम नया शब्द बना सकते

है ए रैक यानी एक रैक (आला या ताक) देखिए एक रैक में पुरानी शराब पड़ी है। मुरकी (Murky) का अर्थ है उदास -मुरकी से एक चित्र बन सकता है मुर्गी, आप कल्पना कर सकते हैं कि एक मुर्गी है जो बहुत उदास है। आगमेंट (Augment) शब्द का अर्थ है बढ़ाना - आगमेंट के लिए कल्पना कीजिए आग और मिंट, सोचिए की आग में मिंट डाला तो आग बढ़ गयी। जिंज़ेरली (Gingerly) शब्द का अर्थ है सावधान - जिंज़ेरली का मूर्त काल्पनिक शब्द बन सकता है जिंज़र- अदरक, कल्पना कीजिए की जिंजर पर सावधान लिखा है। मटर (Mutter) का अर्थ अंग्रेजी में है बुदबुदाना - मटर से मूर्त शब्द दिखेगा मटर (खाने वाले) सोचिए की आपके मुँह में मटर भरे होने के कारण आप बोल नहीं पा रहे सिर्फ़ बुदबुदा रहे है। लेस्सीटूड (Lassitude) का अर्थ है अत्यधिक थकान, लेस्सीटूड से एक शब्द बन सकता है, लस्सी, कल्पना कीजिए कि तेज़ थकान होने पर आप हमेशा लस्सी पीते है।

अब देखिए कोई भी शब्द बोलते ही सिर्फ़ आपको एक बार दिमाग़ में बने मूर्त चित्र को देखना है, आपको अपने आप उस शब्द का अर्थ दिखाई देगा। अगर मैं कहता हूँ की मुरकी (murky) का अर्थ क्या है, आप ध्यान दीजिए की मुरकी से मिलता जुलता मूर्त चित्र था, मुर्गी, और याद आ जाएगा की मुर्गी उदास थी, और आप समझ जाएँगे की मुरकी का अर्थ है उदास। है ना मजेदार।

*

अध्याय : 33

डॉक्टर का दिमागी नाम

अभी थोड़े दिन पहले मेरा अस्पताल जाना हुआ। मेरे दोस्त की माताजी का इलाज चल रहा था। हम वार्ड में पहुचें और मैं उनके बेड के पास पहुँचा। तभी एक रेजिडेंट डॉक्टर राउंड पर आये और उनका चेक अप किया। फिर रिपोर्ट्स देखते हुए बोले, एक बार आप गेस्ट्रोएंट्रोलॉजिस्ट को भी ये रिपोर्ट्स दिखा के उनका ओपिनियन ले लीजिये। मुझे एक दम तो समझ नहीं आया कि किसे दिखाने की बात कर रहे हैं। मैं और मेरा दोस्त बाहर आये और रिसेप्शन पर पूछा कि गेस्ट्रोएंट्रोलॉजिस्ट कौन होता है? रेसेप्शनिस्ट नें मुस्कुराते हुए कहा, अरे इतना भी नहीं जानते, गेस्ट्रोएंट्रोलॉजिस्ट का मतलब होता है पेट का डॉक्टर।

फिर जब हम हॉस्पिटल में घूम रहे थे तो एक डॉक्टर के केबिन के बाहर लिखा था नेफ्रोलोजिस्ट। मेरी उत्सुकता बढ़ी और मुझे पता चला कि नेफ्रोलोजिस्ट किडनी के विशेषज्ञ को कहते है। यानी हर स्पेशलिस्ट का एक मेडिकल नाम भी होता है। आज हम मेमोरी टेकनीक की मदद से कुछ ऐसे विशेषज्ञ डॉक्टर्स के नाम याद करना सीखेंगे।

इमेजिनेशन लिंकिंग फॉर स्पेशलिस्ट नेम्स

इस विधि में हम डॉक्टर्स के मेडिकल टर्म्स को काल्पनिक रूप में रेफरेंस इमेज देकर उसे सम्बन्धित वास्तविक अर्थ से जोड़ देंगे। जैसे नेफ्रोलॉजिस्ट यानि किडनी से सम्बंधित विशेषज्ञ, इसमें इसके नाम से एक काल्पनिक चित्र बनाया नफरत (नेफ्रो)और इमेजिन करें कि किडनी का डॉक्टर सबसे नफरत करता है। गेस्ट्रोएंट्रोलॉजिस्ट, इसमें काल्पनिक चित्र बन सकता है गैस (गैस्ट्रो) और इमेजिन करें आपके पेट में भयंकर गैस हो रही है इसलिए पेट के डॉक्टर को दिखाने जा रहे हैं। कार्डियोलॉजिस्ट यानि दिल का डॉक्टर, इमेज बनाएं कार्ड (शादी का कार्ड) पर दिल का चित्र बना है या दिल के शेप का कार्ड है।

ऑर्थोपेडिशियन यानि हड्डियों का डॉक्टर, इसमें कल्पना कर सकते हैं अस्पताल में कुछ औरतें (ऑर्थो) टूटी हुई हड्डियां जोड़ने के लिए प्लास्टर कर रही हैं। न्यूरोलॉजिस्ट दिमाग के डॉक्टर को कहते है, कल्पना करें की एक डॉक्टर नें किसी मरीज का दिमाग का आपरेशन किया और दिमाग में से नारियल (न्यूरो) निकला।

बच्चों के डॉक्टर को पेडियाट्रीशन कहते है, कल्पना करे बच्चों का डॉक्टर पेड़ या ट्री (पेड़ियाट्री) पर चढ़ कर बच्चों का इलाज करता है या बच्चों को पेड़ पर चढ़ते वक्त चोट लग गयी इसलिए डॉक्टर के पास जा रहे हैं। आफ्ताल्मोलॉजिस्ट कहते हैं आँखों के डॉक्टर को, कल्पना करें कि आपके दोस्त की आँखों में इंफेक्शन होने से वो सूज गयी है और आप कह रहे हैं कि ये क्या आफत मोल (ऑफतोमोलो) ले ली चल जल्दी डॉक्टर के पास।

बस अब अगर मैं कहूँ कि दिल के डॉक्टर को क्या कहते हैं तो आपको कल्पना करते ही याद आएगा कि दिल कार्ड पर छपा था और याद आ जाएगा कार्डियोलॉजिस्ट। ऐसे ही में पूछूँ कि बच्चों के डॉक्टर को क्या कहते हैं तो आपको दिखेगा बच्चे पेड़ पर चढ़े थे और याद आ जाएगा पेडियाट्रीशन।

है ना आसान और असरदार।

*

अध्याय - 34

पृष्ठभूमि कल्पना चित्रण विधि (बैकग्राउंड इमेज मेथड)

हमारी दसवीं की परीक्षाएं चल रही थीं, मैं और मेरा एक मित्र परीक्षा दे के लौट रहे थे। हम दोनों परीक्षा में आये प्रश्नों पर विमर्श करते हुए आ रहे थे, और तभी हमारा विमर्श बहस में बदल गया जब एक प्रश्न के उत्तर को लेकर हम दोनों का आत्मविश्वास टकरा गया। मुझे मेरा उत्तर शत प्रतिशत सही लग रहा था, जबकि वो पूरे विश्वास के साथ अपने उत्तर को सही और मेरे उत्तर को गलत बता रहा था। हम दोनों की शर्त लग गयी। मेरी उत्सुकता और उसकी ज़िद रफ्तार पकड़ने लगे और हमारे जवाब आपस में प्रतिस्पर्धा करने लगें। हम घर पहुँचे और मैंने दौड़ के किताब उठाई। मैंने उत्तर देखा, और मेरे दोस्त ने मेरी तरफ देखा, और मैंने उसकी तरफ देखते हुए धप्प से किताब बंद कर दी, उसने मुस्कुरा के कहा, हाँ जी, क्या है उत्तर? और मैंने किताब उसे थमाते हुए कहा, तू जीत गया। मित्र के मुख मण्डल पर युद्ध जीत कर आये राजा जैसी लालिमा थी, और मेरा चेहरा द्यूत क्रीड़ा में हारने के बाद महाराज युधिष्ठर के चेहरे जैसा लाल हो गया था। पता है क्यों, इसलिए नहीं कि मैं शर्त हार गया था, बल्कि इसलिए क्योंकि मैं ग़लती से किसी और प्रश्न का उत्तर उस प्रश्न के उत्तर में लिख आया था। वो मित्र तो एक अच्छे मित्र की तरह, कोई बात नहीं यार, होता है कभी कभी, बोल के चला गया। लेकिन मुझे चैन नहीं मिल रहा था और मेरे दिमाग में एक नया सवाल हिचकोले खा रहा था, कि आख़िर ऐसा क्यों और कैसे हुआ कि इतनी बार पढ़ने के बाद भी किसी प्रश्न का उत्तर किसी अन्य प्रश्न में लिखने की गलती कर गया। आखिर दिमाग किस वजह से इस प्रकार भ्रमित हो गया और क्या करें कि ऐसा ना हो?

बैकग्राउंड इमेज मेथड - पृष्ठभूमि दृश्य विधि

किसी प्रश्न का उत्तर किसी और में लिख देना ये एक बात तो साबित करता है कि प्रश्न-उत्तर तो सारे ही याद किये थे, तभी तो लिख पाए हैं। लेकिन मार्क्स तो उत्तर को सही जगह लिखने पर ही मिलेंगे। तो आखिर ऐसा होता क्यों है? इसकी वजह है कंफ्यूज़न या

भ्रमित होना। समान्यतः इसका कारण होता है एक जैसी विषयवस्तु या उत्तर की मुख्य सूचना का कॉमन होना। जैसे मान लीजिए आपको विभिन्न देशों से जुडी मुख्य बातें एक साथ याद करनी है जैसे उस देश की राजधानी, प्रचलित मुद्रा और संसद। उदाहरण के लिए जापान की राजधानी है टोक्यो, मुद्रा है येन और संसद है डाइट। यहाँ कन्फ्यूज़ करने वाली बात ये है कि तीनों सूचनाओं में जापान उभयनिष्ठ (कॉमन) है। इसलिए कन्फ्यूज़न हो सकता है कि मुद्रा कौन-सी थी या संसद कौन-सी थी? इस प्रकार के कंफ्यूज़न को दूर करने के लिए बैकग्राउंड इमेज विधि कारगर साबित होती है। इस विधि में सूचनाओं की मुख्य और अलग बातों को एक बैकग्राउंड इमेज दे देते हैं। जो प्रश्न की विशेषता का सूचक होती है। जैसे संसद याद करने के लिए बैकग्राउंड में संसद भवन और मुद्रा याद करने के लिए पृष्ठभूमि में बैंक देख सकते है। उदाहरण के लिए जापान का संसद है डाइट, तो कल्पना करें कि संसद भवन के सामने आपने मित्र से कहा कि आज मैं डाइट (डाइट-संसद) पर हूँ इसलिए सिर्फ पान खाऊंगा, संसद के सामने पान की दुकान पर डाइट वाले पान मिलते हैं, तू जा - पान (जापान) ले के आ।

जबकि जब मुद्रा याद करनी हो तो बैकग्राउंड इमेज बैंक का देखे जैसे जापान की मुद्रा है येन, अब कल्पना करें कि आप एक बैंक में पान (जापान) से भरा यान (येन) लेकर घुस गए है, और सारे पान आप मुद्रा की तरह जमा करवा रहे हैं। जब राजधानी याद करें तो उसे बिना बैकग्राउंड इमेज के कर ले और लॉजिक से याद रखें कि जब कोई बैकग्राउंड इमेज ना हो तो वो राजधानी होगी, कल्पना करें कि आपके मुंह में पान है और आप अपने मित्र से कह रहे हैं कि जब मैं पान खा रहा हूँ तब मुझे बीच मे मत टोकियो (टोक्यो)। अब यदि प्रश्न हो जापान की संसद का तो आपके बैकग्राउंड इमेज की वजह से आपको डाइट वाले पान दिखेंगे जबकि मुद्रा का प्रश्न हो तो आपको बैकग्राउंड चित्र बैंक दिखाई देगा और पान से भरा यान (येन) याद आ जायेगा। जब कोई बैकग्राउंड इमेज नहीं दिखेगा तो लॉजिकली ध्यान आएगा कि ये राजधानी है। इस प्रकार बैकग्राउंड इमेज की मदद से आपको कंफ्यूज़न नहीं होगा और सूचनाओं को पक्का करना आसान होगा।

*

अध्याय - 35

साहचर्य वाक्य निर्माण विधि

दिमाग कम्प्यूटर की एक हार्ड डिस्क जैसा होता है, जिसकी क्षमता असीम है। लेकिन हार्ड डिस्क का महत्व तब है जब उसमें डाटा यानि सूचनाएं हों। दिमाग का डाटा है मेमोरीज। मेमोरीज दो तरह की होती है, टेम्परेरी यानि अस्थाई मेमोरी और परमानेंट यानि स्थाई। स्थाई मेमोरी वो होती है जिसे दिमाग भूल नहीं सकता और उससे जुडी कोई भी सूचना मिलने पर यानि पूछे जाने पर तुरंत याद आ जाती है। जबकि अस्थाई मेमोरी वो होती है, जिसे दिमाग अक्सर भूल जाता है और पूछे जाने पर तुरंत याद नहीं आती है। खास बात ये है कि हम कुछ बातें याद करते हैं और कुछ हमें याद हो जाती है। जो हम याद करते हैं उससे ज्यादा मजबूत होती है वो बाते जो हमें याद अपने आप होती है। जैसे आपके स्कूल में जब आप पढ़ते थे तो उस स्कूल में प्रिंसिपल का कमरा कहाँ था, आप कहाँ पानी पीते थे, आप कहाँ खेलते थे, आपके पास वाली सीट पर कौन बैठता था, प्रार्थना सभा कहाँ होती थी आदि बाते आपको आज भी याद होंगी और दिखाई दे रही होंगी, जबकि आपने इन्हें बैठ के दोहरा के या ध्यान दें के याद किया नहीं था ये आपको याद हुआ था। मूवी जब हम देखते हैं तो हम कभी याद करने के लिए नहीं देखते और फिर भी वो याद हो जाती है जबकि पढ़ाई हम याद करने के लिए करते हैं फिर भी याद नहीं होती, और होती भी है तो याद नहीं रहती है। साथ ही एक और बात जो महत्वपूर्ण है वो ये कि किसी भी अस्थाई मेमोरी को स्थाई मेमोरी में बदला जा सकता है। और उसके लिए साहचर्य का सिद्धांत काफी कारगर रहता है।

साहचर्य वाक्य निर्माण विधि

इस विधि में हम किसी खास क्रम या क्रोनोलोजी को याद रख सकते हैं। इसके लिए उस विषयवस्तु की महत्वपूर्ण सूचनाओं के मुख्य शब्दों से कोई वाक्य बना लेते हैं, फिर हमे पूरे विषय को बार-बार याद करने की जरूरत नहीं रहती बल्कि सिर्फ उस वाक्य को याद रखना होता है। जो कि साहचर्य के सिद्धांत कि वजह से वैसे भी याद हो जाता है। जैसे

इस वाक्य को देखिये- क्लाइव वॉर वालिस वेल हेस बीन डल, केन लाइट एंड राइप इन कार फोर्ड विन वेव, माउन्ट।

इस अटपटे से वाक्य को पहले याद कर लें। विज़ुअलाइजेशन का प्रयोग भी कर सकते हैं। पता है, आपको इस वाक्य से क्या याद हुआ है? इतिहास में सभी मुख्य वाइसराय और गवर्नर जनरल क्रोनोलॉजिकल आर्डर यानी क्रम से याद कराता है ये वाक्य। क्लाइव- रोबर्ट क्लाइव, वॉर- वारेन हेस्टिंग्स, वालिस- कार्नवालिस, हेस- लार्ड हेस्टिंग्स, बीन- लार्ड बेंटिक, डल- लार्ड डलहौजी, केन- लार्ड केनिंग, लाइट- लार्ड लिटन, राइप- लार्ड रिपन, कार- लार्ड कर्जन, फोर्ड- लार्ड चेम्सफोर्ड, विन- लॉर्ड इर विन, वेव- लार्ड वेवेल, माउंट - लार्ड माउंटबेटेन। इन सारे महत्वपूर्ण गवर्नर जनेरल और वाइसराय को अब आपके दिमाग नें क्रम से याद कर लिया है। कौन किसके पहले या बाद में आया वो इस वाक्य से आसानी से याद रखा जा सकता है। आपको सारे नामों को बार-बार दोहराने या रटने की बजाय सिर्फ इस वाक्य को याद रखना है। इस प्रकार आप खुद वाक्य बनाकर इस प्रकार के कई प्रश्न याद कर सकते हैं।

*

अध्याय - 36

विचित्र हास्यास्पद स्मृति

चुटकुले जल्दी याद होते हैं या थ्योरी? जब मैं ये सवाल पूछता हूँ तो सभी लोगो का एक स्वर में उत्तर होता है, चुटकुले। तीन साल पहले पढ़ा हुआ चुटकुला भी यदि मैं आपको दुबारा सुनाऊंगा तो आप कहेंगे ये पढ़ा हुआ है इसमें आखिर में ये होगा। जबकि तीन दिन पहले थ्योरी में क्या पढ़ा वो याद नहीं आता। अब सवाल ये है कि ऐसा क्यों है। थ्योरी भी पढ़ते, चुटकुले भी पढ़ते हैं, फिर क्यों चुटकुले थ्योरी या पढ़ाई की विषय वस्तु से जल्दी याद होते हैं और ज्यादा समय तक याद रहते हैं। आईये समझते हैं।

विचित्र हास्यास्पद स्मृति

हमारा दिमाग अजीब और अटपटी चीज़ों पर जल्दी ध्यान देता है। जो विषयवस्तु सामान्य से हटकर अलग, असामान्य, अद्भुत, अजीब या हास्यास्पद होती हैं, दिमाग उसे तेजी से याद करता है और लम्बे समय तक याद रखता है। ये दिमाग की एक विशेषता है।

जैसे आप मेले में गए और वहाँ बीस फुट का आदमी देखा। घर आके जब मेले के बारे में सोचते हैं तो सबसे पहले क्या याद आता है, वो ही बीस फुट का आदमी। क्योंकि ये अलग था, अजीब था असामान्य था। तो दिमाग ने इसे एक विशेष सूचना या विशिष्ठ मेमोरी की तरह रखा है।

मान लीजिए आप एक मीटिंग या सभा में गए जहां करीब पैंतीस - चालीस लोग आये हुए थे। सबने आपको अपना नाम बताया, रमेश, सुरेश, मोहन, अजय, सुरेंद्र, आशीष, शालिनी, दिनेश, रोहित, राहुल इत्यादि इत्यादि। ये सारे नाम आपको याद नहीं रहेंगे क्योंकि ये दिमाग की नज़र में सामान्य सूचनाएं हैं। लेकिन सोचिये की अगर वहाँ किसी का नाम था - चपड़गंजु। अब जब आप घर वापस आये और आपके घर पे किसी ने पूछा कि कौन-कौन आया था मीटिंग में तो आप क्या कहेंगे, ऐसे तो बहुत सारे लोग आये थे, ध्यान नहीं आ रहा कौन-कौन थे पर हाँ, एक 'चपड़गंजू' आया था। ये नाम बाकी चालीस लोगों के नामों से अलग, हटके और हास्यास्पद है इसलिए दिमाग इसे विशिष्ठ मेमोरी बना लेता है और ये याद हो जाता है।

तात्पर्य ये है कि जो सूचनाएं अटपटी हों, हास्यास्पद, अजीब, अलग, असामान्य, अद्भुत या रिडिक्यूलस होती है, वो सूचनाएँ दिमाग विशिष्ठ मेमोरी की तरह संरक्षित करता है। वो जल्दी याद होती है और ज्यादा समय तक याद रहती है।

दिमाग की इस विशेषता का उपयोग आप पढ़ाई की विषयवस्तु को याद करने में कर सकते हैं। आप अपनी विषयवस्तु को हास्यास्पद बना के पढ़ें तो उसका अधिकांश हिस्सा अच्छे से याद होगा।

*

अध्याय - 37

आंसर विधि

स्मृति किसी न किसी सूचना से बनती है, सूचनाएँ रहती तो दिमाग में हैं लेकिन दिमाग से बाहर कैसे आती है? दिमाग में रखी सूचना को दिमाग से बाहर लाके उपयोग में लाने का कारक है प्रश्न या सवाल। प्रश्न पूछते ही उससे संबंधित सूचना दिमाग से बाहर आ जाती है। यानी प्रश्न का सीधा संबंध सूचना से होता है, हर सवाल का उत्तर उससे जुड़ी सूचना की स्मृति होती है। जिंदगी सवाल जवाब की प्रक्रिया ही तो है। हर वक्त जब भी हम किसी से बात करते हैं तो प्रायः या तो सवाल पूछते हैं या जवाब देते हैं। चाहे घर पर हो या बाहर हो, स्कूल में हो या दोस्तों के साथ हो, किसी के साथ हो या यहां तक कि अकेले भी हो और खुद से बात कर रहें हों, या तो हम सवाल पूछते हैं या जवाब देते है। जैसे, क्या कर रहे हो? कहाँ जा रहे हो, क्या नाम है, कहाँ जा रहे हो, ऐसा कैसे या वैसा क्यों? परीक्षा में भी तो सवाल ही आते हैं जिसका जवाब ही आपका परिणाम बनाता है।

आज इस जवाब को यानि उत्तर को इस तरह समझेंगे की जीवन की हर परीक्षा के सारे प्रश्नों के उत्तर सही होंगे और सफलता के मार्ग बनेंगे।

आंसर मेथड

हर सवाल का आंसर यानि जवाब या तो सही होगा या गलत होगा। हर कोई चाहता है कि जीवन के सभी सवालों के आंसर सही हो और वो सफल हो। चलिये एक नए नज़रिये से इस आंसर को देखते ताकि जीवन के हर क्वेश्चन का आंसर सदा सही हो ऐसा प्रयास दिमाग करे। आंसर के अंग्रेजी अक्षर है- **ए. एन. एस. डब्ल्यू. ई.** और **आर.**।

ए- का अर्थ यहां है आसकिंग द राइट क्वेश्चन, पहले अपने आप से सही सवाल करें कि मैं ये कार्य क्यों कर रहा हूँ। जैसे जब मैं छोटा था और पढ़ने बैठता था मेरी छोटी बहन अक्सर दूसरे कमरे में टीवी चला देती और उसकी आवाज मेरे कानों में आती और मेरा ध्यान भटकता था। लेकिन जब हम सफर के दौरान चलती ट्रेन या बस में अखबार या कोई पत्रिका खरीद के पढ़ते हैं तो आस-पास शोर होने के बावजूद हम पढ़ पाते हैं। यानी आस-पास का शोर या आवाज ध्यान भटकाने का कारण नहीं है। आपने आप से सही

सवाल न करना हमें सही जवाब से जोड़ नहीं पाता। क्योंकि जब कोई भी आवाज आपके कान में पढ़ते वक्त पड़ती है तो आप अपने-आप से सवाल पूछते हैं, ये आवाज कैसी है, क्यों आ रही है? अगर ये आवाज होगी तो क्या में पढ़ पाऊंगा? ये सवाल कि क्या मैं आवाज या शोर में पढ़ पाऊंगा ये सवाल गलत है इसलिए इसका उत्तर 'नहीं' ही होगा और ध्यान भटकेगा। सही सवाल होगा, क्या कोई भी आवाज मुझ जैसे मजबूत इरादों वाले चेम्पियन को सफल होने से रोक सकती है? दिमाग इस वक्त आवाज की जगह लक्ष्य से जुड़ जाता है और वो आवाज परेशान नहीं कर पाती।

एन- यानि नो टू वरीज़ अर्थात कभी तनाव न करना। जब भी कोई काम करे खुश होके तनावमुक्त होके करे। तनाव दिमाग के काम करने की शक्ति को घटा देता है। जबकि ख़ुश होके प्रसन्न मुद्रा में कोई भी काम को करने के लिए दिमाग शक्तिशाली तरीके से काम करता है। इसलिए हमेशा अपने आप से कहें कि दुनिया की कोई भी चीज़ और परिस्थिति मुझे तनाव नहीं दे सकती। मेरे लिए सब आसान है ।

एस- यानि स्लीप, सात से आठ घंटे की अच्छी और पूरी नींद हो और प्रतिदिन हो तो आप स्वस्थ तन और स्वस्थ मन के मालिक होंगे और जीवन में उत्साह और ऊर्जा भरपूर होंगी ।

डब्ल्यू- यानि वाटर, भरपूर पानी पीना चाहिए। पानी शरीर और दिमाग को ताज़गी देता है। और ताजगी भरा दिमाग ज्यादा सफल होता है। हर एक घंटे की पढ़ाई के बाद एक से दो गिलास पानी जरूर पीना चाहिए।

ई- यानी इमोशन्स, जिन सूचनाओं से हमारा इमोशनल संबंध होता है, वो स्थायी होती है। आपको आपने बेस्ट फ्रेंड का मोबाइल नंबर याद रहता है। बचपन की वो बातें याद रह जाती हैं जिनका आप पर इमोशनल असर पड़ा था। हर सवाल और उसके जवाब के साथ भावनात्मक संबंध बनाएं।

आर- रिविजन प्लान, कोई भी सूचना स्थाई तब होगी जब उसका रिवीजन होता रहेगा। यानी उसके बार-बार अभ्यास में होने पर वो पक्का हो जाती है। हर हफ्ते में कम से कम एक बार अगर विषय को देख लिया जाये तो धीरे-धीरे उसमें महारथ हासिल हो जाती है।

इस प्रकार हर सवाल के आंसर को इस नज़रिये से देखे तो सवाल के जवाब आसान लगेंगे और सही होंगे।

*

अध्याय - 38

मार्ग कल्पना चित्रण विधि

दिमाग की व्यायामशाला में आपका फिर से स्वागत।

मानव मस्तिष्क साहचर्य यानी जोड़ने की क्षमता का इस्तेमाल याद करने के लिये करता है। और सूचनाओं को आपस में जोड़ने से वो स्मृति का रूप ले लेती हैं। जल्दी और पक्का याद करने के लिए हम त्रिआयामी कल्पनाशीलता का उपयोग कर सकते हैं।

मार्ग कल्पना चित्रण विधि

इस मेथड के माध्यम से आप रास्ते याद कर सकते हैं। कई बार हम रास्ते भटक जाते हैं, किसी नए रास्ते पर कब बाएं मुड़ना था कब दायें, एक बार में याद नहीं रहता। और इस वजह से हम बार-बार लोगों से पूछते रहते हैं। क्या करे? चलिये सीखते हैं। जैसे मान लीजिए आप किसी नये शहर में आप अपनी कार से प्रवेश करते हैं और आपको आपके मित्र के घर सरिता अपार्टमेंट, सेक्टर 5 में जाना है और आप एक सज्जन से रास्ता पूछते हैं, और वो कुछ **लैंडमार्क्स** के साथ रास्ता बताते हुए कहते हैं :-

सेक्टर 5 के लिये आप **सीधा (स्ट्रेट)** जाइए, **रेड लाइट** आएगी, उससे लेफ्ट लेना, फिर आगे **हॉस्पिटल** आएगा, वहाँ से राइट लेना, फिर आगे जा के **पोस्टऑफिस** आएगा वहाँ से भी **राइट** लेना। फिर एक बड़ा **मंदिर** आएगा वहाँ से **लेफ्ट** लेना। फिर एक **स्कूल** आएगा उसके सामने से **यू टर्न** ले लेना। फिर आगे जाके **पुलिस स्टेशन** आएगा जहाँ से आपको **लेफ्ट लेना** है। आगे **टी पॉइंट** आएगा जहाँ से आप **राइट** मुड़ जाना आगे चौराहा आएगा जहाँ से **सीधा** जाना है आगे एक **ओवर ब्रिज** दिखेगा जिसके नीचे से **यू टर्न** लेके सीधा जाओगे तो सामने ही **सेक्टर 5** आ जाएगा।

अब आप भी कंफ्यूज हो गए होंगे। चलिये इस पेचीदा रास्ते को याद करते हैं- किसी भी रास्ते के चार मुख्य भाग होते हैं- **लेफ्ट, राइट, सीधा (स्ट्रेट)** और **यू टर्न**। आप कल्पना में इन्हें एक नया अर्थ दे दीजिये। **लेफ्ट** - लीफ(पत्तियां), **राइट - रेड** (लाल रंग), **यू टर्न** -अम्ब्रेला (छाता) और **सीधा (स्ट्रेट)** को कुछ नहीं। अब देखिये, वो सज्जन कहते हैं - **सेक्टर 5** के लिये आप **सीधा (स्ट्रेट)** जाइए, **रेड लाइट** से **लेफ्ट** लेना। कल्पना

कीजिए **रेड लाइट** पर आपने **लीफ** (पत्तियां) रख दी, फिर आगे **हॉस्पिटल से राइट**, देखिये आपने पूरे **हॉस्पिटल** को रेड (लाल रंग) से रंग दिया। फिर **पोस्ट ऑफिस** से भी राइट लेना। कल्पना करे **पोस्ट ऑफिस** को भी **रेड** (लाल रंग) कर दिया। फिर **मंदिर** आएगा वहाँ से **लेफ्ट** लेना, कल्पना करे मंदिर में पत्तियां हैं। फिर एक **स्कूल** के सामने से **यू टर्न**, कल्पना करो कि **स्कूल** के ऊपर बहुत बड़ा-सा छाता लगा है। फिर था **पुलिस स्टेशन** जहाँ से आपको **लेफ्ट** लेना था, सोचें कि **पुलिस स्टेशन** में पत्तियां भरी हैं। आगे **टी पॉइंट** से आप राइट मुड़ना था देखें कि **टी पॉइंट** पे आप **रेड** (लाल रंग) कर रहे हैं। आगे चौराहा जहाँ से **सीधा (स्ट्रेट),** इस पर कोई कल्पना ना करे तो याद रहेगा कि कुछ नहीं यानी **सीधा (स्ट्रेट)**। आगे एक **ओवर ब्रिज** जिसके नीचे से **यू टर्न** लेना था, कल्पना करें कि **ओवर ब्रिज** पर एक बड़ा **अम्ब्रेला (छाता)** है। अब आपके सामने जो भी **लैंडमार्क्स** आएंगे आपको अपने **काल्पनिक चित्रों** से आगे का रास्ता याद आ जाएगा। जैसे **मंदिर** दिखने पर आपको **पत्तियां** याद आएंगी और याद आ जाएगा कि यहाँ से **लेफ्ट** जाना है। है ना अद्भुत और आसान।

*

अध्याय - 39

हारमनी फोनिक संयोजन

आज हम एक विशिष्ट प्रयोग करेंगे। गणित में वर्गमूल याद रखना भी एक कठिन कार्य हुआ करता है। वैसे तो वर्गमूल निकाले जाते हैं लेकिन कुछ प्रमुख वर्गमूल सीधे याद रखने होते हैं जो बार-बार काम आते हैं। जैसे दस का वर्गमूल है- थ्री पॉइंट वन सिक्स वन, ग्यारह का है थ्री पॉइंट थ्री वन सेवन, बारह का वर्गमूल है थ्री पॉइंट फोर सिक्स फोर इसी तरह तेरह का है थ्री पॉइंट सिक्स जीरो फाइव, और चौदह का वर्गमूल होता है थ्री पॉइंट सेवन फोर वन, पंद्रह का वर्गमूल है थ्री पॉइंट एट सेवन थ्री और सोलह का चार। अब सोलह का तो आसान है लेकिन बाकी सारे याद करने के लिए खूब दोहराना पड़ेगा। लेकिन यदि हम यहाँ इमेजिनेशन के दो विधियों को एक साथ प्रयोग करके इन्हें याद करें तो ये आसानी से याद हो सकता है।

हारमनी फोनिक संयोजन

हमने पहले के अंको में हारमनी (राइम) और फोनिक मेथड सीखा था। आपके रीकॉल के लिए मैं दुबारा बता देता हूँ, राइम मेथड में हम संख्याओं को उनकी ध्वनि के अनुरूप राइमिंग बना के उससे एक चित्र बना लेते हैं। जैसे यहाँ दिए गए वर्गमूल की मुख्य संख्याएँ हैं टेन (दस) तो इसका राइमिंग शब्द हो सकता है हेन (मुर्गी), इलेवन का हो सकता है लेमन और ट्वेल्व का शेल्व (आला), थर्टीन के लिए हो सकता है मोरटीन, फोरटीन का हो सकता है फोर्ट इन (किले में) और फिफ्टीन के लिए हो सकता है लिफ्टिंग।

अब फ़ोनेटिक् का प्रयोग हम करेंगे पॉइंट के बाद की संख्याओं को याद करने में। पहले फ़ोनेटिक् मेथड को फिर से रीकॉल करते हैं, जीरो के लिए अंग्रेजी का एस, एक के लिए टी या डी, दो के लिए एन, थ्री के लिए एम, फोर के लिए आर, पाँच के लिए एल, छः के लिए जे या जी, सात के लिए के, आठ के लिए एफ़ या वी, और नाइन के लिए पी या बी। अब हर संख्या के प्रतीक अक्षर में वॉवेल लगा के एक चित्रात्मक शब्द बना सकते है। जैसे ग्यारह का वर्गमूल है थ्री पॉइंट थ्री वन सेवन। ग्यारह के लिए राइमिंग था लेमन, थ्री पॉइंट को याद करने के लिए कॉमन सेन्स से याद रखेंगे क्योंकि दस से पंद्रह तक सभी

वर्गमूलों में थ्री पॉइंट कॉमन हैं। बचा थ्री वन सेवन तो फोनेटिक अक्षर हुए एम् टी और के, तो शब्द बन सकता है मटका। इमेजिन करें लेमन मटके में रखे हैं। फोरटीन का राइमिंग है फोर्ट इन (किला के अंदर) और वर्गमूल है थ्री पॉइंट के बाद सेवन फोर वन तो इसके फ़ोनेटिक् अक्षर होंगे के, आर और टी तो एक चित्र बन सकता है कार्ट (गाड़ी) इमेजिन करें कि एक बड़े से किले में एक कार्ट यानि गाड़ी खड़ी है।

अब यदि पूछें कि इलेवन का वर्गमूल क्या है तो आपको इलेवन का राइमिंग इमेज याद आएगा लेमन और याद आ जायेगा कि लेमन मटके में रखे थे और आप इसे डी-कोड करते ही उत्तर निकाल लेंगे, मटका यानि एम् टी और के और फ़ोनेटिक् नंबर हुए थ्री वन सेवन और आपका उत्तर होगा थ्री पॉइंट थ्री वन सेवन।

इसी तरह से आप बाकी भी याद कर सकते हैं या स्वयं भी बना सकते हैं।

***